# 떠남

# 떠

중국사찰기행 2

# 남

정운 지음

솔바람

## 들어가는 말

 떠나고 싶었다.
 대학원 과정 이후 강의하고 글쓰는 일, 법회를 하면서 뭔가 부족하다는 절실한 배고픔을 무엇으로든 채워야 했다. 영원히 갈증나지 않을 수행의 터전을 위해 새로이 충전하지 않으면 안 됐다. 그리하여 둥지를 떠나 제일 먼저 발길을 향했던 곳이 중국이다.
 중국말은 초보수준이다. 2005년 3월 중순 무렵, 중국에서 3개 월간 책상머리에 앉아서 배운 게 전부다. 떠돌아다니면서 무식하게 터득한 몇 마디 중국어가 여행하는 데 보탬이 됐다. 중국에서의 온전한 생활은 대략 1년 4개월 정도인데, 6개월은 여행과 사찰 참배, 몇 개월은 글 쓰고 책 보는 일이 전부였다.
 6개월을 한꺼번에 여행했던 것은 아니다. 처음 북경에 머물면서 주말마다 북경 근교를 여행했고, 지방은 짧게는 일주일에서 길게는 한 달을 여러 차례 다녔는데, 그 시간을 합쳐보면 근 6개월에 가까운 시간이다. 그렇다고 중국 땅을 다 다닌 것은 아니다. 워낙 대륙국가인지라 중국 땅의 반 정도는 다니지 않았을까 싶다.

사찰을 탐방하는 데 참고한 책은 중국에서 발간된 사찰 관련 책 3권, 탑에 관련된 책 몇 권, 몇 년 전 이은윤 기자가 신문에 연재한 중국 선종사찰 탐방기이다. 중국 스님들이 적어 준 지역과 사찰 이름 하나만으로 찾아간 경우도 부지기수다. 그러나 조사해 간 사찰이 옛날 지명이라 현대 지명과 맞지 않아 허탕친 일도 있고, 분명히 그 지역에 어느 선사가 머물렀던 곳이라고 찾아갔는데 아닌 경우도 있었으며, 선사 이름과 사찰명이 거의 같은데 그렇지 않은 경우도 더러 있어서 파란만장한 일이 많았다. 하지만 어떤 시행착오도 두려워하지 않았다. 이 세상 살아가는 데 실수나 착오 없이는 값진 보배를 얻을 수 없다는 것을 늘 인식하던 터라 각오하고 떠났다.

  한편 글을 쓸 때도 참고할 만한 것이 많지 않았다. 중국 지도책에 표시되어 있는 것조차도 틀린 것이 많고, 사찰에 대한 연혁이나 설명도 책마다 제각각이어서 글을 쓰는 데 정확한 전거를 대기가 힘들었다. 사찰에 상주하는 스님에게 물어보아도 자신이 살고 있는 사찰에 대한 연혁이나 개산조가 누구인지조차 모르는 분이 많았다. 이에 필자가 쓴 책에 오류가 있음을 밝혀둔다. 이 오류를 발판삼아 앞으로 중국사찰에 대한 훌륭한 책자가 발간되기를 바라마지 않는다.

  책 내용은 필자가 다녀온 순서대로 전개했다. 처음 알고 있던 중국이란 나라와 중국 불교에 대해 시간이 흐를수록 점차 이해의 폭이 커졌음을 알 수 있다. 그 많은 사찰을 참배하고 글을 써나가는 데에도 나름대로 법칙이 있었고, 그 흐름에 따라 필자도 부응한 것 같다.

관광화된 북경 근교 사찰을 통해 중국불교의 법난과 문화혁명의 폐해를 읽었고, 중국의 3대 석굴과 북방지역의 여러 석굴을 통해 찬란했던 왕권 개입의 불교역사를, 문수·보현·관음·지장 4대 불교 도량을 통해 토속문화와 그 속에 깃든 중국불교를, 티벳사찰을 통해 티벳인의 정열적인 신심을, 강서성·호남성·광동성 등 남방의 선종사찰을 통해 중국인의 독특한 사상적 기질을 보았다. 또한 서안에서는 당나라 때 종남산을 중심으로 발전한 8대 종파(밀교·정토·화엄·율·삼론·법상종 등) 불교의 프레임을 목격했다.

중국을 여행하면서 사찰을 다녀본 분들은 느꼈겠지만, 지나치게 관광화된 사찰을 많이 보았을 것이다. 맞는 말이다. 오대산에서 어떤 스님은 수계증서를 보여 주면서 사주를 봐 주겠다며 돈을 내라는 승려도 있었고, 법당 안에서 윷가락 비슷하게 만든 대나무 2개를 던져 사주나 운명을 봐주는 승려도 많다. 또한 법당에서 승려가 원치 않은 축원을 해 주고 금전을 요구하기도 하며 사찰 경제면만을 고려해 불교사물을 돈벌이 하는 데 이용하는 모습에 혀를 내두를 정도이다.

어쨌든 중국불교가 바르게 흘러가지 못한다 할지라도 불교는 사람을 위한 종교요, 사람을 기본으로 한 가르침을 내건 종교이다. 잠시 중국불교가 사회주의 이념으로 변색되었을지언정 인간을 안위케 하는 인간중심사상이 살아 있다는 것, 그것 만으로도 중국불교의 기복성과 현실 사회주의적 성향을 긍정적으로 보았다.

그러나 중국불교는 밖에서 보는 것과는 다른 양상을 띠고 있다. 지금 중국은 문화혁명 기간(1966~1976년)에 철저히 파괴되었던 사찰과 문화를 복원하고 있는데, 참배했던 사찰 대부분이 불사를 하고 있다고 해도 과언이 아니다. 대부분 고증을 거쳐서 불사를 하는 것 같지도 않고 획일적인 면이 있기는 하지만, 중요한 것은 그 옛날 화려했던 중국불교로 거듭나고 있다는 점이다. 마치 문화혁명 기간에 억압당했던 종교에 대한 자유와 갈망이 승려와 국민들의 가슴 밑바닥에 잠겨 있다가 봇물 터지듯이 붐을 일으키고 있는 것이 아닌가 싶을 정도다.

또한 중국사회가 사찰 불사를 하고 문화적인 토대를 세움으로써 문화혁명 기간 동안 팽배했던 인간성 폐해를 극복코자 하는 면도 엿보인다. 어쨌든 여러 요인에 부응해서 출가하는 승려도 당연히 많고, 이곳저곳서 국제적인 세미나를 통해서 불교사상을 정립하고자 노력하는 모습도 목격했다.

현재 중국불교는 밀교, 천태종, 율종, 화엄종, 정토종, 선종 등 다양하다. 전국에 걸쳐 대부분이 정토종인 반면, 남방을 중심으로는 선종사찰이 많다. 선종사찰인 경우, 몇 곳은 총림을 형성하고 사부대중이

200여 명에 가깝다. 양주 고민사에서 300여 명의 사부대중이 함께 참선하던 모습, 황매 사조사 선방에서 홀로 선정에 들어 있던 젊은 승려, 진여사 100여 명의 스님네들이 쏟아지는 눈발을 맞으며 자신의 발우를 들고 공양실로 향하던 모습, 석상사 무문관 등은 잊을 수가 없다.

그리고 정토종 스님네들의 간절한 불심도 자주 보았다. 황매 오조사에서 만난 20대 객실 시자스님은 심부름을 하고 대화를 나누면서도 끊임없이 염주를 돌리며 진언眞言을 염했다. 구강 동림사에서 한 비구스님은 비를 맞으면서 탑 주위를 돌며 아미타불을 염하기도 하고, 구강 능인사 매표소에 앉아 있던 한 스님은 카세트로 나무아미타불을 반복해서 틀어놓고 삼매에 빠져 있기도 했다.

중국인들은 아미타신앙과 관음신앙이 주축을 이루고 있는데, 이반 사람들에게도 불교에 대한 이미지가 매우 좋은 편이며, 굳이 불교를 믿지 않아도 사찰에 가면 향을 피우고 관세음보살을 수호신처럼 여긴다.

처음부터 계획하고 중국사찰 탐방기를 쓴 것은 아니다. 객기와 방랑기을 잠재우지 못하고 만행이라는 이름 아래 이곳저곳을 떠돌았음이 필자의 솔직한 고백이다. 책 내용은 굳이 불교적인 내용에만 국한하지 않고 중국 문화와 역사, 사회를 내 나름대로 짚어 보았고, 이전 글에서는 금기시했던 필자의 감정표현도 유감없이 발휘했다

몇 년 동안 글쟁이 역할을 하다보니 글 쓰는 일은 필자에게 있어 포

교의 한 일면이요, 『설법』지와 두어 곳에 원고를 보내면서 공부하는 구실이 되었다.

그간 3년여에 걸쳐 『설법』지에 원고를 실었던 인연으로 솔바람 출판사와 끈이 닿았다. 이 책 출판에 여러모로 노고를 아끼지 않은 김용란 편집장과 여러분들에게 감사할 따름이다.

중국에서 만난 몇몇 보살님들, 당신들의 어여쁨에 감사하며 소중한 인연, 영원히 고이 간직하리다.

이 지면을 통해 만나는 독자님들, 늘 행복하시길 불전에 바라나이다.

2007년 2월
정운 합장

중국사찰기행 2

# 떠남 차례

## 절강성 (저장성 浙江省)

**보타산의 파도 소리와 바다 내음** 19
보타산 관음도량 ❶ 법우사, 범음동, 해제사 / 절강성

**관음보살의 영원한 향기** 29
보타산 관음도량 ❷ 보제사, 불긍거관음원, 남해관음상, 낙가산 / 절강성

**보타산 사찰은 다 남자 공양주** 39
보타산 관음도량 ❸ 열령암, 법화동, 서천풍경구 / 절강성

## 감숙성, 청해성 (간쑤성 甘肅省, 칭하이성 青海省)

**돈황 막고굴의 환희와 비애** 47
막고굴, 백마탑, 명사산 / 감숙성 돈황

**사막에서 만난 구법승들** 59
서천불동, 양관, 관음정사 / 감숙성 돈황

**석굴의 아름다움** 69
목탑, 마제사, 관음동, 천불동 / 감숙성 장액

**쿤붐 – 티베트 종카파의 고향** 79
탑이사 / 청해성 서녕

**중생의 어리석은 삶** 91
북선사 동인가는 길 / 청해성 서녕

**티베트 예술의 명맥을 잇는 승려들** 101
융무사, 오둔사 / 청해성 동인

**많은 부처님이 계시는 곳** 113
라플란사 / 감숙성 하하

**석굴에 드러난 예술적 기량** 125
백탑사, 병령사 석굴 / 감숙성 난주

## 하남성 (허난성 河南省)

**낙양성 십리하에** 137
백마사, 관림 / 하남성 낙양

불교와 예술의 절묘한 극치 147
용문석굴 / 하남성 낙양

백낙천의 황혼과 도반들 157
향산사 / 하남성 낙양

## 섬서성 (산시성 陝西省)

법상종과 현장 법사 165
소안탑, 대안탑, 흥교사 / 섬서성 서안

밀교와 불공삼장 177
흥선사, 청룡사 / 섬서성 서안

율종과 도선 율사 189
종남산 정업사 / 섬서성 서안

삼론종과 구마라집 197
종남산 초당사 / 섬서성 서안

정토종과 선도화상 207
종남산 향적사 / 섬서성 서안

화엄종과 신라 의상 대사 217
화엄사 / 섬서성 서안

신심만 있으면 개 이빨도 후광을 발한다 225
법문사 / 섬서성 서안

## 사천성 (쓰촨성 四川省)

장엄한 화장세계 235
낙산대불, 아미산 보현도량 ❶ / 사천성

아! 보현보살 251
아미산 보현도량 ❷ / 사천성

중국사찰기행 1

# 환희 차례

## 북경 (베이징 北京)

중국불교에 대한 단상
옹화궁 / 북경

법난과 북경의 사찰 모습
서황사, 대종사 / 북경

중국 사회의 단면과 불교교육원
천녕사, 보국사, 법원사 / 북경

묵묵히 천 년을 서 있는 거목
계태사, 담자사 / 북경

가르침을 바탕으로 서로 화합하고 정진하라
운거사 / 북경

중국의 설날
법해사, 대각사 / 북경

## 산서성 (산시성 山西省)

부처님의 나라
운강석굴, 응현석가탑, 현공사 / 산서성 대동

문수보살이 머무는 곳
오대산 문수도량 ❶ / 산서성

문수의 원력으로 대해를 이루는 승가
오대산 문수도량 ❷ / 산서성

대단한 중국인들  127
숭선사, 쌍탑사 / 산서성 태원

비 내리는 여행길  135
화엄사, 선화사 / 산서성 대동

## 강소성, 절강성 (장쑤성 江苏省, 저장성 浙江省)

남경에 서린 한
영곡사, 서하사, 음창사, 계명사 / 강소성 남경

중국불교의 밝은 미래
양주 대명사, 전강 금산사 / 강소성

풀잎에 맺힌 이슬
한산사, 서원사 / 강소성 소주

이곳은 신앙의 자유가 있다
북사탑, 쌍탑, 운암사 / 강소성 소주

안개와 구름 속에 잠긴 고찰
서호, 영은사 / 절강성 항주

## 안휘성, 절강성 (안후이성 安徽省, 저장성 浙江省)

지옥이 비워질 때까지 성불하지 않으리라
구화산 지장도량 ❶ / 안휘성

신라 승려 김교각의 발자취를 따라서
구화산 지장도량 ❷ / 안휘성

설마 한국승려이랴!
황산 / 안휘성

천태지의와 대각국사 의천의 숨결이 깃든 곳
천태산 국청사 / 절강성

천태산 정상에서 맛본 산딸기
천태산 고명사 · 지자탑원 · 화정사 · 만년사 / 절강성

중국 기독교와 천주교의 실상과 미륵신앙
보국사, 설두사, 천주교당 / 절강성 영파

# 중국사찰색인지도

# 이 책을 읽기 전에

1. 이 책은 특성상 현대 지명과 옛 지명(승려 출생지, 고대 지명 등)이 반복되어 나오는데, 이것을 통일하기 위해 지명은 중국식 발음대로 표기하지 않고, 한문 원음대로 표기한다.
   단, 중국의 근·현대 인물들은 중국식 발음대로, 일본 승려 이름은 일본식 발음대로 표기.
2. 현재 중국은 한족(90%)과 소수민족(10%, 55민족)이 더불어 사는 다민족 국가이다.
3. 글 전개상, 중국 역대 지명이 자주 나오므로 독자들의 이해를 돕기 위해 중국역사 연대기를 첨부한다.

### 중국역사 연대기

| 나라 이름 | 연대 | 나라 이름 | 연대 |
|---|---|---|---|
| 진秦 | BC221~BC206년 | 북송北宋 | 960~1127년 |
| 한漢 | BC202~AD220년 | 남송南宋 | 1127~1276년 |
| 3국三國 | 220~280년 | 요遼 | 916~1125년 |
| 서진西晉 | 265~316년 | 서하西夏 | 1038~1227년 |
| 동진東晉 | 317~420년 | 금金 | 1115~1234년 |
| 16국十六國 | 304~439년 | 원元 | 1271~1368년 |
| 남북조南北朝 | 386~589년 | 명明 | 1368~1644년 |
| 수隋 | 581~618년 | 청淸 | 1644~1911년 |
| 당唐 | 618~907년 | 중화민국中華民國 | 1912~1949년 |
| 5대10국 五代十國 | 907~979년 | 중화인민공화국 中華人民共和國 | 1949년 10월 1일~ |

4. 참고로 필자가 순례한 중국불교 도량과 세계문화유산을 수록한다.

■중국불교 도량

**3대 석굴**
운강석굴/산서성 대동
막고굴/감숙성 돈황
용문석굴/하남성 낙양

**4대 불교성지**
문수도량 오대산/산서성
지장도량 구화산/안휘성
관음도량 보타산/절강성
보현도량 아미산/사천성

**중국 종파불교의 8종**
법상종(유식)-대안탑, 자은사
밀교-청룡사
계율종-정업사
삼론종-초당사
정토종-향적사
화엄종-화엄사
천태종-국청사
선종-소림사
*그 외 미륵불교 발원지-설두사

**티벳사찰**
탑이사(청해성 서녕)
용무사, 오둔사(청해성 동인)
라플란사(감숙성 하하)
보살정(오대산), 진해사(오대산)
해장사(감숙성 무위), 옹화궁(북경)
승과사(감숙성 장액)
병령사(청해성 난주)

■세계문화유산

운강석굴/산서성 대동
막고굴/감숙성 돈황
용문석굴/하남성 낙양
보현도량 아미산/사천성
낙산대불/사천성 낙산
황산/안휘성
사자림, 졸정원 등 고대정원/강소성 소주

남해관음상

# 절강성 (저장성 浙江省)

# 보타산의 파도 소리와 바다 내음
### 절강성 | 보타산 관음도량 ❶ 법우사, 범음동, 혜제사

절강성 영파寧波 북부 버스터미널 근방에 보타산으로 들어가는 선착장이 있다. 아침 7시 배표를 끊으니 버스를 타라고 한다. 10여 분만에 선착장에 도착하는 줄 알았는데, 2시간 반 가량을 달려서 내렸다. 그곳에서 다시 쾌속정으로 갈아 타고 1시간 만에 보타산에 도착했다.

보타산은 남쪽 주산舟山 여러 섬 가운데 하나로 둘레 20km 안팎, 최고봉인 불정산佛頂山 정상이 해발 291.3m이다. 사방에 바다를 끼고 있어 물이 깊고 푸르며, 산봉우리의 기세 또한 웅장하고, 사찰을 둘러싼 나무는 고풍스런 맛을 느끼게 해 준다.

이곳 보타산은 오대산(문수보살)·아미산(보현보살)·구화산(지장보살)과 함께 불교 4대 명산 중의 하나로 관음보살을 상징하는 곳이다. 청나라 때는 큰 절이 3곳, 암자가 88곳, 4000여 명의 승려가 거주했다고 한다. 보타산은 참배객들로 늘상 붐비는 데다 해수욕장까지 있어 작은 섬 하나가 성지와 유원지를 겸한 곳이다. 필자가 갔을 때가 11월 중순 무렵이니 초가을에서 겨울로 접어드는 계절인데도 사람들이 붐볐다.

보타산을 관음도량이라고 칭하게 된 것은 당나라 때(초기)다. 일본인 승려 혜악 대사가 오대산에서 관음상을 모시고 일본으로 건너가려 할 때, 이곳 매령산을 지나는데 태풍이 불고 폭우가 쏟아져 할 수 없이 매령산 조음동潮音洞에서 내렸다.

혜악대사는 관음보살이 바다 건너 일본으로 가기를 싫어한다고 생

법우사 제경단(당우 중심에 관우상이 안치되어 있다)

각해 관음상을 두고 갔다. 이곳 주민들이 이를 알고 절을 지어 관음상을 모시고 불긍거관음원不肯去觀音院(가려고 하지 않는 관음보살을 모신 절)이라고 했다. 이 매령산이란 바로 보타산을 말하는데, 송나라 때부터 보타산이라고 불리게 됐고, 보제사를 시작으로 많은 사찰이 지어지면서 관음성지로 불린다.

보타산 내 지도를 보니, 법우선사法雨禪寺가 보타산 가장 중심에 위치해 있어 이곳에 짐을 풀고 며칠 묵기로 했다. 법우선사는 혜제사, 보제사와 함께 보타산 3대 사찰 중 하나로 꽤 규모가 큰 사찰이다. 1580년 명나라 때 창건된 사찰로서 처음 이름은 해조암海潮庵이라고 했다. 원나라 때 호국진해선사護國鎭海禪寺라 불리다가 화재로 인해 절이 소실됐다. 청나라 때 다시 중건해, 현재 이름인 법우사라 불렀다. 이 절의 특징적인 당우는 어비전御碑殿과 제경단諸經壇, 원통전이다.

원통전은 9룡전九龍殿이라고도 하는데, 청나라 강희제 때 남경南京에 있

법우사 앞 해변

는 명나라 때의 고궁을 그대로 옮겨온 것이다. 이것은 중첨헐산重檐歇山식 대전大殿으로 가로가 35미터, 세로가 35미터, 높이가 22미터이다. 지붕은 황색 유리 기와로 웅장하고 장엄하며 화려하다. 앞에 두 그루의 큰 은행나무가 있는데, 이는 법우사의 상징으로 사찰의 수호신 역할을 하는 듯 우람하고 당당해 보인다. 또한 이 절은 산을 의지해 앞에는 바다가 있는, 말 그대로 배산임수背山臨水형인데 절 앞에 천보사千步沙라는 아름다운 모래사장도 있다.

오전 10시 반에 점심공양을 마치고 법우사 산문을 나섰다. 보타산은 오대산만큼 크지도 않고 사찰도 많지 않아서 일정을 3일 정도 잡아 순례해도 충분할 것 같다. 또 보타산 내의 사찰을 경유해 다니는 차편이 잘 발달되어 있어 편리하다. 나는 이 관음도량에 와서 차편을 이용하는 편리함보다 지도를 보고 걸으며 순례하기로 했다. 보타산이 바닷가 중심에 위치한 탓이라 바람이 많이 분다.(3일 동안 열심히 걸어다니며 바람을 맞은 덕분에 감기로 톡톡히 고생했다)

법우사 앞의 바다를 보고 싶어 해변으로 갔다. 여름에는 해수욕장으로도 유명하다는데, 마침 늦가을이어서 사람들의 방해 없이 마음껏 바

법음동

다를 볼 수 있었다. 드넓은 바다와 모래사장을 보니 이제까지 살아오면서 행동했던 일들이 밀물처럼 밀려오고 썰물처럼 떠나가니 마음이 착잡하다. 어리석었던 행동, 미워했던 일, 집착했던 것들을 바다에다 떨어내고 순간이나마 가슴을 텅 비웠다. 비록 무언가로 다시 채워질 수밖에 없다고 할지라도.

해변에서 빠져나와 걸어가는데 사방에서 들려오는 파도소리와 바다 내음이 묘한 향수까지 불러일으켰다. 차로 이동하거나 패키지여행을 하면 이런 정취와 향수가 없어 여행의 묘미가 사라진다.

오른쪽은 파도소리가 있고, 왼쪽은 숲길이 잘 나 있다. 얼마 안 가 작은 암자인 상혜암祥慧庵, 선재동善財洞을 지나 범음동에 도착했다. 범음동梵音洞은 명나라 때(1629년) 법우사의 주지였던 적주 화상이 지었다. 이 절은 오랜 세월 파도의 침수작용으로 인해 생긴 천연동굴 안에 관음전을 세운 것이다. 이 동굴은 높이 100미터, 깊이 30미터로 관음보살이 영험을 현시한 곳이라고 한다. 범음동을 나와 고불동古佛洞을 향해 가다가 갑자기 산길이 하나 있어 무조건 올라갔다.

대략 1시간 정도 산길을 걸었을까? 도착한 곳이 어디인지도 모르는 데다, 비까지 부슬부슬 내려 순간 불안한 마음이 스쳤다. 그래도 그리 높은 산이 아니니 어쩌랴 싶었는데, 마침 그 샛길이 혜제선사慧濟禪寺로 연결돼 있었다. 불정산佛頂山 정상에 위치한 혜제사는 보타산의 3대 사찰 중 하나이다. 혜제사 천왕문 들어가는 입구에 '불정정불佛頂頂佛'이라고 쓰여 있는 것으로 보아, 이 도량의 면모를 가늠할 수 있었다.

이 절은 명나라 때 승려 원혜가 이곳에 혜제선림이라는 네 글자를 새긴 뒤, 암자를 만든 것이 시초가 되어 사찰이 생겼다. 청나라 때 사찰을 중수했고 지금 이름인 혜제사라 불렀다. 절에 들어갔더니 불사가 한창 진행 중인지라, 어떤 당우에도 들어갈 수가 없었다.

순례 기간 동안 많은 사찰들이 불사하는 것을 자주 봐왔는데, 혜제사 아래에도 현재 두 군데나 큰 절을 새로 짓고 근방의 고불동도 다시 불사를 하고 있었다. 현재 중국불교는 기복적인 성향이 강하다. 나름대로 불사가 잘 이루어지고 있는데, 앞으로 경제가 좋아지고 생활이 호전되면 신심있는 불자들이 더 많은 보시를 할 것이다.

오대산에 있는 절도 거의 반 이상이 불사가 된 상태였고, 구화산 뿐만 아니라 보타산의 절들도 불사하는 절이 많다. 처음에는 정부의 도움이 있어 불사하는 줄 알았다. 그런데 순전히 그 절 주지의 능력에 따라 신도들이 불사금을 모아 이루어진다는 것이다.(그러나 옛날의 큰 사찰이나 대 선사가 머물렀던 곳은 지방 정부의 도움으로 불사하는 곳도 많이 있다)

승려들의 생활은 외국에 나갈 때나 다른 지방으로 이전할 때, 국가에 신청만 하면 되고 그 이외의 생활은 자유롭다.

마침 비가 마구 쏟아져 혜제사 천왕문 앞에 서 있다가 스님이 지나가기에 염치불구하고 "우산 하나 달라."고 했다. 빌려서 언제 갚을지 기약이 없기에 아예 달라고 한 것이다. 스님이 무조건 나를 어디론가 데리고 가길래 따라가 보니 공양간이다. "밥 안 먹었으면 밥부터 먹으라."는 것이다. 밥은 먹었다고 하니, 몇 가지 질문을 한다.

"나이가 몇 살이냐?", "언제 출가했냐?", "어떻게 혼자 다니냐?"는 등. 그래 내가 올해 몇 살이고, 몇 년도에 출가했고, 한국 비구니라고 했더니 믿지를 않는다. 스님은 30살이라고 해놓고 의아한 눈초리로 쳐다보았다. 왜 그런가 했더니 "너는 분명히 비구 같은데 왜 수염이 없느냐?"는 것이다. 그러면서 "턱을 만져 보면 증명되지 않겠느냐?"(실은 이 말을 못 알아들었다)면서 순간적으로 턱을 만지는 거였다. 어이가 없어 "나는 정말 비구니라구요. 참, 나…. 자이젠!" 하고 나왔다. 한국에서도 얼굴이 비구상이라는 말은 간혹 들었지만, 이렇게 수염이 있는지 없는지 확인하자는 경우는 처음 당했다. 오래 살고 볼 일이라더니, 그 말이 맞는 모양이다.

혜제사 도량에서 나와 신심의 환희로움을 발견했다.

비가 와서 길이 흙투성이인데도 다섯 발자국을 걷고 '관세음보살'을 염하며 오체투지하는 보살님이 있었다. 인사만 나누고 고불동 가는 길

혜제사 입구에서 오체투지를 하고 있는 불자

인 줄 알고 내려갔더니 법우사와 연결된 계단식 내리막길이었다.

한참을 내려오는 중에 다시 몇 발자국 걸으며 염불하고 오체투지를 해가며 계단을 오르는 두 젊은 보살님을 만났다. 그 와중에도 나를 보고 스님인 줄 알고 인사까지 한다. 그들이 티베트 사람인 줄 알고 "티베트인이냐?"고 물었더니 그들은 동북지방 사람이라고 한다. 중국 4대 명찰을 다 다녔지만, 보타산에서 만난 이들이 제일 신심있어 보인다.

4시 반이 저녁공양 시간인지라 법우사에 시간 맞춰 들어갔다. 저녁을 먹고 도량을 어슬렁거리고 있는데, 법당에서 북소리가 났다. 마침 어디선가 온 20여 명의 신도들과 함께 법당에 들어갔더니, 북에 이어 종을 쳤고 목탁을 쳤다. 저녁예불[晚課]이 시작되었다. 사찰마다 예불이 다른데, 스님들이 양편으로 나누어 서서 부처님을 향해 10여 분 정도 포괘합장을 한 채로 참회문을 염했다. 다시 양편의 스님들이 마주본 채로 몽산공덕문蒙山功德文을 염한다.

이 몽산공덕문을 염불할 때, 한 스님이 대표로 중간에 나섰다. 먼저 향을 피우고 몇 번의 절을 하며, 사방을 몇 번 왔다 갔다 하기를 끝내고, 불단에서 차 공양을 올린 듯 작은 다기를 들어 올린다. 정확한 의미

법우사 대웅전 불교사물

는 알 수 없지만, 부처님께 차 공양하고 시방十方 부처님께 절한 뒤, 차 공양을 수륙 중생에게 회향하는 것 같았다. 스님들은 몽산공덕문 염불이 끝나고, 차수를 한 채 법당을 돌면서 나무아미타불을 염하고, 다시 합장을 하고 '나무'를 뺀 아미타불만을 염했다. 100여 명에 가까운 스님들의 염불소리와 가사를 수한 스님들이 법당을 돌면서 정근하는 소리를 들으니 환희심이 저절로 일어난다. 15분 정도의 정근을 끝내고, 몇 번 절을 한 뒤 대중스님들이 줄맞춰 법당을 나갔다.

▶▶ 오늘의 행보 : 영파터미널 → 법우선사 → 범음동 → 혜제사

보제사 관음상

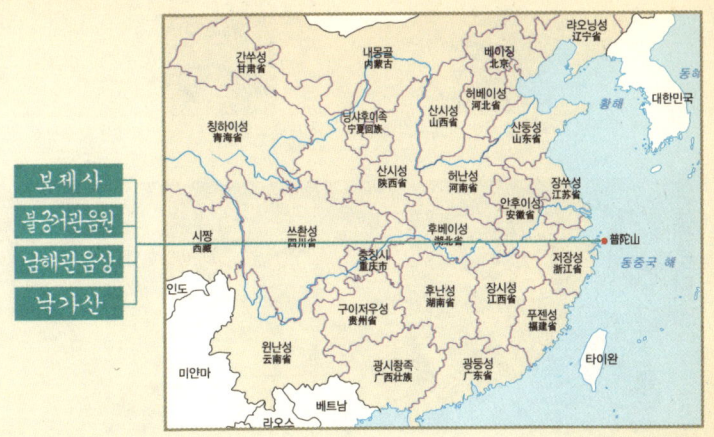

# 관음보살의 영원한 향기

절강성 | 보타산 관음도량❷ 보제사, 불긍거관음원, 남해관음상, 낙가산

왼쪽부터 보제사 관음보살상, 절강성 영파 칠선사 관음보살상, 사천성 낙산대불 천수관음

낙가산 관음상    섬서성 서안 흥교사 관음상1, 2

어려운 일이나 좋지 않은 일을 당했을 때, '관세음보살'을 염하는 이들이 많다. 한국 불자들은 종파를 불문하고 모든 의식에 관음기도서인 《천수경》을 먼저 독송한다. 일체 청정한 법과 공덕을 증장시켜 주고 모든 일을 성취시키며, 어떤 두려움이 생길지라도 두렵지 않게 해달라고 기도한다. 뜻하는 바가 있다면 원만히 구족되도록 부처님께 허락을 얻어 설한 것이 《천수경》이다.

자비의 화신인 관음보살은 중국인에게도 가장 친숙한 보살이다. 중국의 관음도량이 보타산이라면, 한국의 관음도량은 3대 기도처인 홍련암·보리암·보문사이다. 특히 관음보살을 친견하고, 그곳(낙산사 홍련암)에 관음도량을 세움으로써 관음신앙을 깊이 심어 준 분이 신라의 의상 대사이다.

의상 대사(625~702년)는 19세에 출가했다. 그의 나이 37세 때, 원효 스님(617~686년)과 함께 당나라 유학을 떠났다가 원효 스님은 중도에서 신라로 돌아가고 의상 스님만 종남산으로 들어가 당시 화엄종의 2조인 지엄(602~668년) 화상의 문하에서 화엄을 공부한 뒤, 10년만에 귀국했다.

그는 전국을 행각하다 강원도 바닷가에 이르러 파도가 깎아지른 절벽의 해변 석굴에서 관음보살을 친견코자 기도를 올렸다. 그리고 지극한 기도로 감화를 받아 관음보살을 친견하고 그곳에 절을 지었으니 낙산사요, 의상 대사가 관음보살을 친견했던 곳에 암자를 세웠는데 바로 홍련암이다.

또한 한국 불교계 최고의 스승인 원효 스님도 관음보살을 친견했다. 원효 스님이 낙산의 관음보살 참배에 나섰는데, 낙산 근처에서 빨래하고 있는 여인을 발견했다. 스님이 여인에게 "물 좀 달라."고 했더니, 여인은 빨래 하던 물을 떠 주었다. 스님은 '더럽다'는 생각에 그 물을 받아먹지 않고 새로 떠마셨다. 갑자기 소나무 위에 앉아 있던 파랑새 한 마리가 무어라고 외치며 날아가자, 그 자리에 짚신 한 짝만 남는다. 그런데 스님이 절에 이르니, 방금 전에 보았던 짚신 한 짝이 있는 것을 보고 빨래를 하던 여인이 관음보살임을 깨닫는다.

한편 경허 스님의 제자였던 수월 스님과 용성 스님도 늘 《천수경》으로 관음기도를 했고, 서울 사자암에 주석하다 열반하신 대은 스님과 송광사의 구산 스님 또한 관음기도를 하셨다.

보타산 관음도량에서 지낸 지 이틀째 되는 날이다. 아침을 든든하게

보제사 도량

먹고 법우사에서 1시간 정도를 걸어 보제사로 향했다.

보제선사普濟禪寺는 '전사前寺'라고도 하며, 보타산에서 가장 큰 사찰로서 크고 작은 방이 300여개다. 절 옆에 백보사百步沙라는 모래사장까지 있어 여름철에는 유객들로 크게 붐빈다. 보제사는 일본으로 가지 않은 관음상이 영험하다는 전설이 생기면서 북송(1080년) 때에 제일 먼저 창건된 사찰로서, 처음에는 '보타관음사'라 불렀다. 명나라 때에 다시 지었고, 청나라 때에 재건했으나 크게 훼손되었다. 청나라 강희제 때 다시 중수하고 현재 이름인 보제선사라 칭하였다. 보타산의 가장 큰 사찰답게 사찰 앞에는 대형 연못이 조성되어 있고, 인공 연꽃으로 만든 장엄구가 무척 화려하다.

천왕문에 들어서니 온통 향 연기와 사람들로 북적대서 다시 산문 밖으로 나가고 싶을 정도다. 이건 사찰 참배가 아니라 재래시장 구경나온 기분이 들 정도였으니.

원통전과 장경루를 중심축으로 가람전, 나한당, 승덕당承德堂, 관제전

불긍거관음원

關帝殿 등 셀 수 없이 많은 당우는 사람의 기가 꺾일 정도로 우람하고 장엄하다.

원통전은 보제사의 중심 법당으로, 이곳에는 높이가 8.8미터나 되는 거대한 관음상이 있고, 양쪽에는 32응신의 관음보살이 모셔져 있다. 필자는 이럴 때마다 고국의 사찰이 그립다. 인간의 얼굴을 가장 많이 닮은 부처님, 삶의 안식처답게 구조된 한국의 사찰 도량이.

이곳에서 나와 해변을 끼고 걸어 불긍거관음원不肯去觀音院으로 향했다. 혜악 대사가 두고 간 관음상을 주민들이 이곳 보타산에 모셔 사찰을 짓고 불긍거관음원이라 칭하였는데, 이때부터 보타산이 관음도량이 되었다는 것은 앞에서도 언급했다.

그러나 원래 불긍거관음원을 세운 유래를 『불조통기佛祖統記』란 자료에서 보면, 이 사찰의 유래는 신라 상인이라는 설이 대두되고 있다. 북송 말 서긍은 『고려도경高麗圖經』(1124년)에서 "석교의 산록 위에 양무제가 세운 보타원이 있고, 전각 안에는 영험한 관음상이 있다. 옛날에 신라 상인이 오대산에서 관음상을 조성해 신라로 돌아가려다, 배가 암초

신라초기념비(남천문 입구)

남천문 패방

에 걸려 더 나아가지 않으므로 관음상을 바위 위에 내려놓고 가버렸다. 관음원의 승려 조악이 전각 안으로 모셨더니 해상으로 왕래하는 이들이 반드시 기도하면, 감응한 바가 있었다."고 적고 있다.

이곳에서 얼마 떨어지지 않은 곳(바다)에 '신라초新羅礁'라 불리는 암초가 있고, 남천문南天門 입구에는 2002년에 장보고 기념사업회에서 세운 신라초기념비가 세워져 있다.

남천문에 들어서니 이곳은 그리 큰 절은 아니지만, 바닷가 바위 위에 파도가 넘실대며 올라오는 모습이 너무 아름다운 장소다. 그 옆의 암자인 서방암西方庵의 관음도觀音跳에서 한참이나 바다를 바라보며 얼마간의 번뇌를 내려놓고 왔다.

다시 남해관음입상南海觀音立像이 서 있는 절로 떠난다. 보타산 어느 곳에서나 보이는 청동관음상이 섬의 큰 상징이다. 도량 내에 들어서자, 혜제사에서 만난 50여 명의 티베트 스님들이 나를 보고 매우 반갑게 인사를 한다. 이들은 뭐가 그렇게 즐거운지 무리지어 사진을 찍고, 내

남해 관음입상

내 흥겨워하는 모습이다. 하기야 나도 즐겁다. 수희공덕隨喜功德이 어디 따로 있으랴!

청동상 아래는 대법당이다. 법당으로 들어가 참배하는 도중에 그 절의 스님과 보살님이 대화를 하기에 곁눈으로 지켜보았다. 아마도 이 보살님은 절 앞에서 포대화상이나 관음보살 목걸이를 사 가지고 왔던 모양이다. 스님께 염불의식을 해달라고 하니까, 스님은 관음상 앞 불단 위에 목걸이를 올려두고 몇 마디 염불을 올린다.

낙가산洛迦山은 가지 않을까 잠시 망설이다가, 가지 않고 나중에 후회하느니 가보고 후회하는 것이 나을 듯 싶어 가기로 결정했다. '작은 배로 잠깐 가면 되겠지.' 싶었는데, 그것은 오산이었다. 낙가산은 보타산 입구에서 배를 타고 30분 정도 들어가야 한다. 배는 하루에 4번 운행되는데, 사람이 많을 때는 운행 횟수를 더 늘린다. 오후 1시에 출발하는 배를 타려고 선착장에 가보니 200여 명은 족히 넘어 보이는 많은 사람들로 북적였다. 인파에 휩쓸려 배를 타고 낙가산에 도착해 보니, 그곳은 매우 작은 섬으로 사찰은 5~6개 정도 됐다.

또 한 번 놀란 것은 중국인들의 대단한 불심이다. 어떤 이는 단순히 관광 온 사람 같은데 봉지 가득 향을 담아 가지고 다니며 곳곳의 도량마다 향을 태운다. 낙가산행 배를 탔을 때 몇몇 사람들이 향과 종이로 만든 배, 경전이나 탑이 그려진 종이 등을 짊어질 수 있을 만큼 가지고 타기에 장사꾼인 줄 알았다. 그런데 그들은 사찰들을 다니면서 곳곳마다 한 뭉텅이의 향을 태우고 종이를 태웠다. 보타산 도량의 향로에서는 향이 타오르는 것이 아니라 아예 불이 났다. 사찰 내에서 연꽃 모양의 초를 파는데, 작은 것은 100원(한국돈 13,000원), 큰 것은 200원이다. 중국에서 100원이면 결코 작은 돈이 아닌데도 초가 타는 곳에 가보면 고액의 연꽃초가 타고 있다.

낙가산을 다니는 내내 웬 바람은 그렇게 많이 부는지 어찌해 볼 도리가 없다. 예까지 온 것을 후회했으나 중국인들의 신심을 지켜보는 것으로 만족했다. 물론 그들이 불교의 정법에 따라 공부를 하거나 참선을 하는 것은 아니지만.

저녁공양 시간(오후 4시 30분)에 맞춰 며칠 머물고 있는 법우사에 들어갔더니, 공양간은 텅 비어 아무도 없고 거사님들이 뒷정리를 하고 있었다. 알고 보니 오늘이 음력 10월 보름인데, 이날을 기준으로 저녁공양 시간이 오후 4시로 변경되었다고 한다. 하는 수 없이 굶을 수밖에 없었다. 저녁예불도 조금 앞당겨 시작한 지 벌써 반이 지났던 것이다.

밤이 점점 깊어지자, 음력 15일 보름달이 둥그렇게 떴다. 한 달 전 부득이한 일이 있어 열흘 정도 한국을 다녀오면서, 한국에서 비자를 다시 내었더니 승려라고 1개월짜리, 그것도 중국 내에서 종교활동을 하지 않는다는 각서를 쓰고 받았다. 결국 중국에서 6개월 연장할 수밖에 없는데, 그 연기해야 할 날짜가 며칠 남지 않아 북경으로 돌아가야 한다. 이런저런 쓸데없는 망상을 하다 밖을 바라보니 달이 처연할 정도로 밝다.

옷을 단단히 여미고 도량 내로 나가니 그래도 산속이라고 바람이 스산하다. 송나라 때 문장가인 소동파(1036~1101년)가 동생 소철이 먼 타향에 가 있을 때, 동생을 그리워하며 쓴 시가 있다.

    인간 세상에는 슬픔과 기쁨, 헤어지고 만남이 있고 人有悲歡離合
    달에도 어둡고 밝음, 원만하고 모자람이 있다네 月有陰晴圓缺
    이는 아주 옛날부터의 변함 없는 진실이지만 此事古難全
    (우리들은) 오래 오래도록 살기를 바라네 人但願長久
    천 리 길 헤어져 있더라도, 함께 달을 바라보세 千里共嬋娟

▶▶오늘의 행보 : 보제사 → 불긍거관음원 → 남해관음입상 → 낙가산

혜제사

# 보타산 사찰은 다 남자 공양주

절강성 | 보타산 관음도량 ❸ 열령암,
　　　　　　　　　　　　　법화동, 서천풍경구

여행을 하면서 인연에 대해 많은 생각을 하게 된다. 며칠 전 지장도량 구화산에서 함께 등산했던 정다운 얼굴들이 떠오른다. 구화산에서 등산을 마치고 내려와 동참한 대중들과 함께 저녁공양을 했었다. 거사님 한 분이 한자를 쓰면서까지 "우리는 몇 생의 인연이 있었다. 기회가 된다면 또 볼 수 없느냐?"고 하였다. 순간 당황스럽고 조금 거북했지만, 일회적 만남에 익숙한데다 인연에 집착하지 않는 내 자신이 인정머리 없어 보인다. 아마 한국인들은 이 거사님을 불순한 사상을 가진 사람이라고 생각할지도 모른다. 그러나 그렇지 않다. 중국인만큼 인연을 강조하는 사람들도 없기 때문이다.

정확히 기억은 나지 않지만, 어느 광고에서 이런 구절을 본 적이 있다. "이번 생에 맺어진 무슨 술酒과의 인연, 절대 후회하지 않으리." 바로 이 정도다. 또 낙가산 섬에서 배를 타면서 선착장 벽에 이런 구절이 쓰여 있는 것도 보았다. "인연이 있어 여기서 만났으니, 서로서로 예의를 지킵시다.(相會有緣相 讓有禮)"라고. 소주蘇州를 여행하면서 처음 만난 50대 후반 보살님은 대화 도중에 "스님과 나는 연緣이 깊다."는 말을 하며 극진한 대우를 해 주었다. 이렇게 대부분의 불자들은 잠깐 뜻이 맞아 대화를 하면서도 '너와 나의 인연' 이라는 말을 꼭 강조한다.

한편 일반인들은 처음 보자마자 '너와 나는 펑요朋友(친구)' 라는 말을 잘도 한다. 처음에는 너무 어색했는데, 중국인들의 '관시關係(관계)'문화에서 비롯된 습관이려니 하고 받아들인다.

오늘은 보타산에서 3일째로, 보타산 중간에 위치한 사찰과 서천풍경

해가 동터오르는 모습

구西天風景區라 불리는 동서쪽으로 가기로 정했다.

먼저 법우사에서 남쪽 방향으로 걸어가면서 몇 개의 사찰(쌍천암双泉庵 → 대승암大乘庵 → 상락常樂庵)을 들렀다. 참배한 사찰 중에는 절 앞의 도로를 다시 뜯어 고치거나 완전히 철거하고 다시 공사하는 곳이 많았다. 명나라·청나라 때의 옛 당우를 철거하고 다시 불사하는 것이 좋은 현상인지, 다시 절을 짓는 일이 중국불교의 발전이라고 생각해야 할지 혼란스러울 정도로 너무 많다.

열령암悅嶺庵이라는 사찰에 들어가보니, 꽤 큰 도량으로 최근에 새로 불사가 되어 있었다. 이 절은 명나라 때 세워진 절로서 보타산 문물관文物館이 있다. 특별히 불교적인 것은 별로 없고 도장이나 그림, 도자기, 붓글씨 등 1,000여 점의 문물이 전시되어 있다.

오전 10시 반인데, 스님이 점심을 먹고 가라고 해서 공양간에 들어갔다. 그런데 재미있는 광경을 목격했다. 보타산 비구 스님 사찰 공양간에서 공양을 하거나 음식을 만드는 이들이 모두 남자라는 점이다. 또 사무를 보거나 사찰 경비를 하는 이들도 모두 남자다. 한국 사찰에서 공양주보살(여자)만 보다가 남자가 공양주인 것을 보니 매우 흥미로웠다.

중국은 대부분의 가정에서 부부가 모두 직업을 가지고 있는데, 남자가 먼저 집에 돌아오면 밥하고 빨래하고 아이들을 돌본다. 남자가 집안일을 하는 것은 중국에서 당연한 일이다. 대학생인 중국 친구는 어렸을 때, 늘 아버지가 해 준 음식을 먹었다고 했다. 어느 여인은 남편이 죽자 너무나 서럽게 울더란다. 그래 주위에서 위로를 하며 달랬더니 그 여인 왈, "늘 남편이 음식을 해 주었는데, 남편이 죽었으니 누가 해 주느냐."고 했다는 우스갯소리가 있을 정도이다. 한국 여자들은 가사일이 너무 버거운 반면, 중국 여자들은 가사일에 대한 부담을 별로 느끼지 않는다.

점심공양까지 했으니, '배도 부르겠다, 좋은 구경하겠다, 부처님 친견하겠다.' 세상 무엇이 부러울까! 열령암 앞에서 왼쪽의 언덕배기 도로를 시작으로 영취봉 쪽으로 향하는 길이 있는데, 꽤 조용하고 편안한 길이다. 40여 분쯤 걷다가 길목에서 옆 샛길로 빠지면 법화동法華洞이라는 곳이 나온다. 이곳은 보타섬의 동쪽 바다와 아래 절들이 훤히 내려다보인다. 보타산에서 빼어난 경관을 자랑하는 곳 3군데를 꼽으라고 한다면, 바로 법화동과 불긍거관음원, 남천문南天門이라고 생각한다.

남천문과 관음원이 바다를 접하고 있어 쏴~ 쏴~ 파도치는 모습이 장관이라면, 법화동은 산과 바다 그리고 보타산의 전경을 내려다 볼 수

정법명여래동전

바위 위에 써 있는 '심'자

있는 곳에 위치해 있다. 이곳에서 30여 분 정도를 걸으면 서천풍경구가 시작된다.

올라가는 길녘 누워있는 큰 바위 위에 '심心' 자가 커다랗게 쓰여 있다. 늘 알고자 찾고자 해도 닿을 수 없는 곳에 숨어 있는 마음, 깨달음의 근원이자 부처자리인 그 마음이 저렇게 버젓이 누워 있다. 중국 불교인들이 추구했던 것이 무엇인지를 발견한 것 같아 내심 기분이 좋다.

서천 풍경구에 위치한 사찰들은 매복암梅福庵 · 관음동 · 원통암 등 비구니 암자이다. 원통암圓通庵에는 정법명여래동전正法明如來銅殿이 있는데, 법당 전체가 청동이다. 보타산의 그렇게 많은 사찰 중에 비구니 사찰은 5~6곳 정도로 생각된다. 그래도 구화산보다는 도량이 조금 나아 보이기는 하지만, 이곳의 비구니 사찰도 비구 사찰에 비하면 열악한 편이다.

서천 풍경구는 나름대로 볼거리가 많다. 보타산 서쪽 바다를 바라보

반타석

며, 샛길로 걸었다. 영석암靈石庵 팻말을 보고도 사찰 입구로 가지 않고 어쩌다 보니 사찰 뒷문쪽으로 가게 되었다. 되돌아가기에는 너무 먼 길이다. 철문으로 되어 있는 그 뒷문은 잠겨 있었는데, 밖에서 안으로 손을 집어넣어 문을 열 수가 있었다. 문을 열고 절 도량에 들어서는 순간 한 스님이 그 모습을 지켜보고 있었다. 순간 스님께 야단맞지나 않을까 걱정했는데 미소만 지을 뿐 아무 말씀도 없었다. 스님께 '한국인 승려'라고 말하고는 아무렇지도 않은 척 법당으로 향했다.

아마 내가 그런 경우를 만났다면, "남의 사찰에 함부로 들어오느냐."고 핀잔을 했을 터인데 스님의 넓은 도량에 감탄했다. 이 절 앞에 반타석盤陀石이라는 큰 바위가 또 다른 바위 위에 비스듬히 걸터앉아 있다. 어떻게 저런 형태를 취할 수 있는지 자연의 묘미가 대단하다. 반타석은 보타산의 명물 중 명물로 유명하다.

서천 풍경구에서 선착장 방향으로 내려가다 보면, 몇 개의 사찰이 있다. 보타산 불학원인 복천암과 불교문화연구소인 은수암 팻말이 보인다.

은수암의 사천왕문 입구

은수암隱秀庵은 소나무가 울창한 산 기슭으로 올라가야 한다. 보타산 사찰들 중에서 가장 편안해 보이는 곳으로, 절 입구에 지장보살 입상이 모셔져 있다. 며칠 동안 보타산에서 관음상만 익히 보아 오다가 산문 입구에 세워진 지장보살님을 뵈니 옛 친구를 만난 것처럼 반가웠다. 게다가 약간 통통한 모습이라 더욱 아름답게 보인다.

보타산 내에는 길이 잘 나 있고, 산내를 운행하는 차가 수시로 다닌다. 만 3일 동안 보타산에 머물면서 가능한 차를 타지 않고 걸어 다녔다. 내 발로 걸어다니면 보타산의 몸통과 정신을 가슴으로 받아들일 수 있을 것 같아서였다.

첫날은 보타산의 동쪽과 북쪽방향을, 둘째 날은 동남쪽과 낙가산을, 셋째 날은 동서쪽 방향의 사찰을 순례했다. 3보 1배 하는 스님과 보살님들을 자주 만났고, 중국인들의 지극한 불심도 목격했다. 바로 이것이 살아 있는 관음보살을 친견한 것이 아니고 무엇이겠는가!

▶▶오늘의 행보 : 열령암 → 법화동 → 원통암 → 영석암 → 은수암

돈황 막고굴 전경

# 감숙성, 청해성
### (간쑤성 甘肅省, 칭하이성 靑海省)

# 돈황 막고굴의 환희와 비애
### 감숙성 돈황 | 막고굴, 백마탑, 명사산

북경에서 돈황敦煌을 가려면 기차로 무려 40시간 정도가 소요된다. 비행기를 탄다고 해도 감숙甘肅성 난주蘭州에서 다시 돈황행 비행기를 기다리고 갈아타는 시간까지 합치면 무려 6시간이 걸린다. 돌아올 때는 버스나 기차를 타더라도 갈 때는 비행기를 타기로 했다.

며칠 전에 비행기표를 예매했는데, 출발하는 날 감기 증세가 도져 떠나는 것이 무리였다. 그래도 꼭 가고픈 곳이라 그냥 감행키로 했다. 이렇게 무리하게 길을 떠날 때는, 나 자신에 대한 회의감과 함께 내 영혼의 쉼터는 어디인가 하는 의문이 생긴다.

중국내인지라 북경공항에서 시간이 많이 남는다. 많은 비행기가 이착륙하는 모습을 지켜보니 인생 또한 저렇게 많은 부침浮沈을 거듭하리라는 생각이 든다. 사람의 화와 복은 아침저녁으로 달라지는 법, 육신이 늙고 병듦도 그러함이요, 부귀와 공명도 믿을 것이 못되건만 아상我相과 욕망은 왜 꺼질 줄 모르고 커나가는 것일까?

오후 3시 북경에서 비행기를 타고 출발하여 2시간 20분만에 감숙성 난주 공항에 도착했다. 난주 지역이 중국 도심지와는 얼마나 멀고 외진 곳인지, 공항 도착 전부터 사막이 보이고 공항 규모도 매우 작다. 한 무리의 환영 인파가 꽃다발을 들고 친구인지 손님을 맞이한다. 날씨가 얼마나 추운지 공항 밖으로 나오니 싸늘하다. 이곳에서 저녁 8시발 돈황행 비행기를 타기 위해 버텨야 한다. 돈황의 아름다운 보살상과 불상을 보기 위해, 그 작품을 조각하기 위해 신명을 바친 예술가들의 혼을 만

막고굴 입구에서 바라본 하늘

나기 위해 몇 시간을 기다리는 일이나 몇 시간의 비행 시간은 얼마든지 감수할 수 있다.

밤 9시 반에 비행기에서 내리니 돈황 공항 팻말이 보인다. 돈황이란 글자만 보아도 감개가 무량하고 가슴이 뛴다. 대학원에서 공부할 때 그렇게도 많이 등장했던 경전과 어록 '돈황본', 중국 선종을 공부하다보니 한국의 어떤 지명보다도 더 익히 들어왔던 이름이 '돈황'이다. 돈황 석굴은 외국인이 중국의 명승고적 중 가장 추천하고 싶은 유적지라고 한다.

다음 날 아침, 아름다운 불상과 보살상을 보기 위해 제일 먼저 막고굴莫高窟로 향했다. 막고굴은 현재 세계문화유산에 등록된 불교문화 유산이다. 돈황 지역은 한족 · 티베트 · 몽골족 등 여러 민족들에 의해 지배를 당한 곳이며, 몇백 년을 지속하여 석굴조성이 계속되었다. 서역 다른 지방보다 불교를 믿는 민족들이 지배한 탓으로 그나마 현재 보존 상태가 좋다고 한다. 그러나 20세기 초 왕원록이라는 도사(도교 수행자)에 의해 돈황의 유물들은 막대한 피해를 입었다.

왕원록은 평소에도 동굴이 어둡다고 벽화에다 회칠을 가해 벽화의 예술품을 손상시키는 기막힌 일을 저질렀다. 1900년 5월 왕원록이 동굴의 먼지를 털고 있는데, 갑자기 벽이 흔들리더니 틈이 생겼다. 그 안에 들어가 보니 수많은 경전과 고대 유물이 나왔다. 이후 왕원록은 일본, 러시아, 헝가리 등 서양사람들이 몰려와 은화 몇 푼을 내밀자 그들에게 불교경전과 그 사본, 화첩 등을 팔아버렸다. 말 그대로 귀중한 문서와 수많은 경전, 벽화와 소상塑像 등 문화재들을 약탈당한 셈이다. 후에 돈황에서 나온 유물을 연구하는 돈황학이 생겼을 정도로 막고굴은 많은 유물이 출토된 곳이다. 지금도 돈황 출토본의 경전이나 벽화를 보려면, 마이크로 필름을 통해 보아야 할 정도라고 하니, 중국으로서는 어처구니없는 일을 당한 것이다. 중국인이 아니어서 이런 말 하는지는 모르지만, 당시 돈황 유물이 서양으로 흘러간 것은 불교의 발전이요, 인류사의 발전일 수도 있지 않을까.

20세기 초 중국은 아편전쟁 및 청일전쟁을 치른 뒤였고, 서구 열강의 침입으로 나라가 쑥대밭이 되어 유물을 보존한다는 의식조차 갖지 못한 시기였다. 이처럼 막고굴의 역사는 환희와 땀, 아픔과 고난의 연속이었다.

막고굴 전경

   막고굴은 돈황시에서 남동쪽으로 25킬로미터에 위치한다. 366년 악존樂尊이라는 승려가 처음으로 굴에 불상을 조성하기 시작해서 후대에까지 492개의 석굴이 만들어졌다. 그 가운데 가장 오래된 것은 5세기 초인 북량北凉 때 조성되었고, 북위·수·당·오대·원나라를 거치면서 석굴이 조성되었다. 단지 몇 세기 정도가 아닌, 무려 1000여 년에 걸쳐 이루어진 부처님을 향한 간절한 염원이라고 할 수 있다. 이렇게 석굴이 조성되었기에 막고굴은 불교미술 역사의 총 집합체라 해도 과언이 아니다.

   아침 11시 경, 막고굴에 도착하여 참관하려는데 가방을 맡기고 들어가야 한다고 했다. 가방을 맡기고도 사람이 여럿 모일 때까지 기다렸다. 10여 분이 지나 5~6명이 모이자 가이드의 인솔 아래 석굴로 들어갔다.

각 굴 내부 입구

처음 29굴부터 참관했다. 석가모니부처님을 중심으로 가섭과 아난이 좌우보처로 있고 6명의 보살이 서 있으며 뒤에 벽화가 있다. 아름다운 미소와 지·덕을 겸비한 부처님의 위용이 자비로워 보인다.

16호실은 승려좌상이 안치되어 있고, 17호실은 당나라 때 조성되었다고 하는데 그 모습이 마치 부처님 회상會上을 그대로 옮겨 놓은 듯 하다. 16호실과 17호실 앞에는 양쪽으로 종과 북이 매달려 있는데, 부처님의 위덕으로 미혹한 중생들이 구제되기를 바라며 부처님 코 앞에 걸어 놓은 예술가의 마음이 애틋하다.

또한 각 석굴마다 벽화가 있는데, 어떤 석굴에는 연꽃이나 목련으로 보이는 단청이 새겨져 있고, 막 하늘로 오를 듯이 보이는 가녀린 비천상과 부처님의 전생 수행을 그린 본생도本生圖, 그리고 벽화 주위에는 온통 부처님의 모습이 빼곡히 그려져 있는데, 마치 수많은 인간 군상을 그렇게 표현해 놓은 것처럼 보였다. 막고굴의 벽화를 하나로 연결하면 30킬로미터가 된다고 하니, 장인의 땀과 눈물, 신심이 어우러진 광대한 교향악을 누가 감히 따를 수 있으랴!

427호실의 아난상은 젊고 잘생긴 모습이 사뭇 가슴을 설레게까지 한다. 석가모니부처님을 25년 넘게 모시고 그 누구보다 부처님의 손발이

굴 내부 역사상

되었던 젊은 제자, 아난이다. 부처님이 열반하실 무렵 부처님이 보이지 않는 곳에서 한참이나 서럽게 울자, 부처님이 아난을 데려 오라고 하신 뒤 이렇게 말씀하셨다.

"아난아! 울지 말아라. 내 육신이 이렇게 죽어가는 것처럼, 이 세상 모든 만물은 무상하다. 열심히 정진하거라."

수행자이지만 스승의 열반에 눈물을 흘리는 인간적인 아난을 나는 무척 좋아한다.

428호실 벽화와 불상은 북주北周 때 조성되었다고 하는데 벽화와 불상, 보살상이 근엄한 모습을 띠고 있었다. 글을 쓰면서 몇 마디 사족을 붙이고 있지만 감히 말로 표현할 수 없는 장엄함이요, 아름다운 모습인지라 미사여구를 붙이는 것이 오히려 민망하다.

96호실의 부처님은 막고굴 최대의 부처님으로, 고개가 뻣뻣할 만큼 올려다보아도 눈의 가시거리 안에 모두 담기는 부족하다고나 해야 할까?

148호실은 당나라 때 조성된 것이라고 하는데, 마치 그 아름다운 모습이 한국의 불상을 친견하는 듯하다. 이 불상은 와불臥佛이며 뒤에는 수백 명의 제자들이 서 있다. 마치 석가모니부처님의 열반을 묵묵히 지

막고굴 내부 벽화

켜보는 제자들의 모습 속에 부처님에 대한 사모함이 깃들어 있듯이.

　석굴을 참관하는 내내 가이드가 직접 굳게 잠긴 석굴을 열고 참관이 끝난 뒤에도 꼭 문을 잠갔다. 하기야 석굴안에 조성된 불상이나 벽화의 재질이 흙에 가깝기 때문에 그렇게 하지 않으면 보존이 쉽지 않으리라. 나쁜 마음먹고 손으로 조금만 쳐도 불상이나 보살상이 넘어지거나 훼손될 듯 하다.

　어쨌든 돌이나 벽돌로 조성된 것도 아닌데, 어떻게 천여 년이 넘도록 위풍당당하게 아름다운 모습을 유지하고 있는지 참으로 신기한 일이 아닐 수 없다. 공안국 직원이 지켜서서 석굴의 외관을 사진 찍는 것조차 금할 만큼 엄격하게 관리하면서도, 왜 석굴 내부의 문화재 보존은 제대로 하지 않는지 안타까울 따름이다.

　1시간 10분 정도가 되니 십여 군데 석굴의 참관이 끝났다. 나는 너무 허망했다. 이번 순례길 목적도 막고굴의 불상과 벽화를 볼 수 있다는 기대가 컸는데, 겨우 1시간여 만에 끝났으니.

잠시 후 다시 한 번 석굴에 들어갈 행운이 찾아왔다. 마침 10여 명의 단체 관람객이 막 참관을 시작하기에 다시 그 무리에 합류했다. 앞의 가이드가 미처 직접 안내해 주지 못한 석굴까지 다시 볼 수 있는 기회였다.[1)]

막상 막고굴에서 나오니 다른 곳으로 이동하는 것이 불편했다. 생각하면서 자세히 돌아보아야 하는 데는 패키지 여행이 적합치 못하다. 더군다나 차를 빌려서 제한된 시간에 움직여야 할 경우, 불안해서 제대로 사찰 곳곳을 돌아보며 감상할 겨를이 없다. 그래서 나는 막고굴까지 택시를 타고 와서 그냥 돌려보내고 '어떻게 가는 방법이 있겠지.' 했는데, 차편이 없어 매우 난감하다. 막고굴 다니는 미니버스가 있다고 하는데 겨울이라 관광객이 없는 탓에 버스가 운행되지 않았다. 할 수 없이 예약 손님을 기다리고 있는 택시 기사에게 사정해서 가까운 곳까지 태워 달라고 했다. 어느 정도 나와서 다시 택시를 갈아 타고 백마탑으로 향했다.

백마탑白馬塔에 도착하기 전까지는 그곳에 번듯한 사찰이 있고, 그 한 가운데 아름다운 탑이 우뚝 서 있으리라고 기대했다. 그런데 막상 도착해보니 백마탑 하나만 외로이 서 있다. 이 탑은 높이 12미터로 4세기 말 귀자국의 구마라집(344~413년)이 백마에 경전을 가득 싣고 돈황에 도착했을 때, 백마가 죽자 돈황 사람들이 백마의 공덕을 기리기 위해 이곳에 묻고 탑을 세웠다고 한다. 이후 세월이 흐르면서 몇 번 보수하였고, 현재의 탑은 청나라 때 재건한 것이라고 한다. 백마탑을 참배하고 명사산으로 향했다.

명사산鳴沙山과 월아천月牙泉은 막고굴 다음으로 각광받는 곳이다. 길이가 약 20~40킬로미터에 달하는 광대한 모래산이다. 명사산은 일정한 조건 하에서 모래산을 미끄러져 내려오면 땅의 울림 같은 소리를 낸다고 하여 명사산이라 칭하였다. 오렌지빛 햇살과 부분부분 드리워진 그림자가 어우러진 모래산은 정말 아름다운 비경 중 하나이다. 게다가 바람까지 살랑살랑 부는데, 말 그대로 영화에서나 본 듯한 사막이다.

이곳은 밤 풍경이 아름다워 여름에는 밤늦게까지 개방을 한다고 하는데, 내가 찾아갔을 때는 한참 겨울이라 그런 낭만을 누렸다가는 얼어죽을 판이었다.

사막지대에 사는 사람들에게는 그 사막이 그냥 삶의 무대이건만, 이방인 눈에 비친 사막은 낭만적인 곳으로 보인다. 나는 한참을 모래사막에 앉아 태양빛을 바라보다가 아예 사막에 누워 오랫동안 허공을 응시하고 있었다. 저렇게 아름다운 사막이 어떤 이들에게는 죽음의 언덕이 될 수도 있었을 터인데 관광객들에게는 유원지로 이용된다니 아이러니한 삶이다.

명사산의 또 하나의 명소가 월아천이다. 이 월아천은 명사산 중간에 위치한 오아시스인데, 초승달 모양의 샘으로 길이 200미터, 폭 50미

명사산 내 월아천

터, 깊이 5미터로 한나라 때부터 유원지로 알려졌으며, 1년 내내 마르지 않는 샘이다. 월아천 옆에 정자가 하나 있는데 멀리서 보이는 모습이 너무 환상적이어서 가 보았더니, 컵라면과 음료수, 건전지 등을 파는 매점이었다. 하기야 인간도 멀찌감치서 보면 존경스럽고 예뻐보이는 법, 가까이서 보면 별 볼일 없다고 하더니 이런 풍경에서도 마찬가지인가 보다.

▶▶오늘의 행보 : 막고굴 → 백마탑 → 명사산

주)
1) 필자가 참관한 석굴 순서를 보면, 29호실 → 323호실 → 324호실·325호실 → 328호실 → 16호실 → 17호실 → 427굴 →428굴 → 96호실 → 259호실 → 264호실 → 257호실(북위 때 조성) → 244호실(수나라 때 조성)이다. 필자가 참배했을 때는 겨울이라 공개하지 않는 석굴도 많았다. 관광객이 많을 때는 더 많은 석굴을 공개한다고 한다.

감숙성 장액 승과사

# 사막에서 만난 구법승들
## 감숙성 돈황 | 서천불동, 양관, 관음정사

돈황 고성 성내

아침 늦게까지 잠을 청했다. 하루를 쉴까 생각하며 무작정 누워 있자니 도저히 마음이 편치를 않다. 비싼 숙박비를 내고 하루를 묵느니, 차라리 오늘은 편하게 택시를 한 대 빌려 움직이는 것이 좋을 듯 싶다. 더구나 이곳은 차편도 없기 때문에 이래저래 택시를 불러 흥정을 시작했다. 부처님 친견하러 가는데 무슨 차비 가지고 치사하게 굴 수는 없지만, 적어도 속지는 말아야지 하는 생각이 들었기 때문이다. 다행히 좋은 택시기사를 만나 출발이 순조로웠다.

처음 도착지는 돈황 고성古城이다. 옛 성이라고 해서 들어갔더니 워낙 추운 겨울 날씨인지라 관광객은 하나도 없고 직원들은 마작을 하느라고 여념이 없다. 순간, 굳이 이런 곳까지 와서 시간을 낭비하는 것이 아닌가 싶어 다시 나갈까도 했지만, 이왕 왔으니 들러 보기로 했다. 성

돈황 고성 벽화

서천동굴

안에는 예부터 존재했을 약국, 여관, 음식점 등이 즐비하다. 그 옛날 성 안에서 살았을 사람들을 생각하며 몸을 돌리는 순간, 불상과 탑이 보인다. 계속 안쪽으로 들어갈수록 다양한 불상과 탑이 있고, 천연동굴이 아닌 인공동굴에 수많은 벽화와 불상이 있다. 아마 돈황 지역을 방문하는 관광객을 의식해서 최근에 조성된 것인지도 모른다.

어쨌든 그 옛날 이 성 안에서 살았던 사람들은 늘 생활 한켠에 부처님을 모셔놓고 예불을 드렸던 것으로 짐작할 수 있다. 성 제일 안쪽에 성수사聖壽寺라는 사찰이 있는데, 들어가 볼 수는 없었다. 그 옛날 모습을 고증해서 현대에 다시 재건한 것으로 보인다. 돈황고성에서 나와 십여 분을 달려 서천불동에 이르렀다.

서천불동西千佛洞은 막고굴 서쪽에 천 분의 부처님이 모셔져 있다고 해서 서천불동이라 한다. 규모는 막고굴에 비해 훨씬 못 미치는 16굴로서 굴 앞에는 당하黨河가 면면히 흐르고 있다. 벽화와 불상은 북위시대

양관

와 당나라 때 작품이라고 하는데, 현재 온전히 남아 있는 것은 거의 없다. 그나마 부처님의 자취만이라도 느낄 수 있다는 데 위안을 삼으며 돌아섰다. 서천불동에서 30분쯤 가면 양관이 나온다.

　양관陽關은 당나라 때 왕유(701~761년)의 시 '위성곡渭城曲'에도 등장하고, 내가 좋아하는 중국 작가 위치우위余秋雨[1]의 글에도 양관에 대한 내용이 있어 굳이 찾아 갔더니, 병마가 주둔하던 요새였다. 황량하기 그지없는 허허벌판의 사막 한 중간에 있다. 그 옛날 병사들이 정확한 이유도 모르고 싸움터에 나갔다가 몸을 뉘며 쉬었을 쉼터다.

　그들이 싸움터에서 돌아와 어둑어둑할 무렵이면 저 사막의 지평선을 바라보며 얼마나 고향산천을 그리워하고 부모와 처자를 보고파 했을까 상상해본다. 누구를 위해 무고한 백성들은 그런 아픔을 당해야 하는지. 그러고보니 지배층의 패권주의가 얄밉다는 생각이 든다.

　그곳에는 몇 개의 건물, 봉화대, 전쟁 때 사람을 살상하는 데 쓰이는 기물들, 출사표를 던지는 장건[2]의 위용이 담긴 상과 박물관이 전부다. 고대 서역으로 향하는 중요한 관문터라고 보기에는 너무 쓸쓸함이 감돌아 빨리 떠나고 싶었다. 그래도 양관에서 무엇인가를 머릿속에 남기고 싶어 1시간 정도를 거닐었다. 허虛하게 왔다가 실實하게 돌아가야 하

출사표를 던지는 장건

삼위산 풍경구

건만, 떠날 때는 머릿속이 허전했다. 사막에 부는 바람 때문인가!
 다시 돈황시로 들어와서 동쪽으로 40여 분을 달렸다. 한참을 달려 삼위산三危山에 도착했다. 이곳은 삼위산 풍경구로 관광객이 꽤 많이 찾아오는 곳이라고 한다. 분명히 택시기사에게 관음정사觀音井寺에 데려가 달라고 얘기했는데, 사방이 돌산으로 둘러싸인 입구에서 내리라고 하더니 조금만 걸어가면 된다는 것이다. '조금만 걸으면 관음정사가 나오겠지' 생각하며 걷고 또 걸었다. 그런데 1시간을 넘게 걸어도 사방에 돌산이 우람하게 서 있는 폼이 마치 4차원 세계의 미로에 빠진 기분이다. 아무도 없는 겨울산을 터벅터벅 걷고 있노라니, 진정한 순례자가 된 듯한 착각이 들기도 하고.

　1시간 정도를 걸어 올라가니 매표소가 나왔다. 직원이 깜짝 놀란다. 한 겨울에 웬 비구니가 혼자 터벅터벅 걸어 올라오니 말이다. 입장료를 내고 도교사원인 왕모궁王母宮을 지나 10여 분 걸으니 관음정사가 있다. 이곳 관음정사 위쪽 작은 능선에는 예술가의 작품이 아닌 서민들이 세웠을 작은 탑들이 군데군데 있다. 힘들어도 꼭대기 탑 앞까지 올라가보니, 탑 안에는 작은 관음상이다. 마침 해가 어스름하게 지는 탓인지, 지는 해를 등지고 서 있는 폼이 누군가를 마냥 기다리는 듯하다. 관음정사에서 다시 10여 분을 걸으면, 삼위산 막다른 곳에 석가모니 입상이 당당한 위용을 드러내며 서 있다.

　다음 날, 돈황에서 북쪽으로는 너무 추울 것 같아, 남쪽으로 내려가면서 사찰을 탐방하기로 했다. 그런데 장액張掖으로 가려고 보니 기차편이 맞지 않은데다 버스로는 10시간 이상이 소요되는 장거리이다. 할 수 없이 장액 못 미쳐서 주천酒泉을 들렸다가 장액으로 가기로 마음먹었다.2)

　아침 8시에 숙소에서 나왔으나, 북경으로 치면 새벽 6시로 어둑어둑했다. 하기야 어제 오후 6시까지 다녔는데도, 그때서야 해가 졌다. 북방이라 2시간의 시차가 있건만 북경 시간을 표준으로 쓴다. 오전 8시 30분발 주천행 버스를 탔다.

　그런데 돈황을 포함한 감숙성이 사막지대인 줄은 알았지만, 설마

끝없는 사막과 황량한 들판

이렇게 큰 땅인 줄을 몰랐다. 가도가도 끝없는 모래 언덕, 황량한 들판인 황무지, 돌산으로 가득한 끝이 보이지 않는 길을 따라 차가 달리는데 정말이지 기가 찼다. 보이는 것이라고는 허허로운 긴 들판에 어울대는 빈 허공, 그곳 끝자락 고독의 바다에서 한참이나 허우적댔다.

　차를 타고 가는 이 길은, 당나라 때 현장玄奘(602~664년)법사가 당시 수도 장안(현 서안)을 출발해 걸어서 인도로 가던 길이다. 현장 이전 최초의 순례자는 법현法現이다. 그는 60이 넘은 나이에 율장을 구하고자 399년, 4명의 승려와 함께 인도 구법행을 결심했다. 법현은 12년간 인도 및 스리랑카를 경유해 바닷길로 중국에 돌아왔다. 법현과 현장 이후

서천불동 · 양관 · 관음정사 65

에도 여러 승려들이 생명을 담보로 험난한 여정 속에서 법을 구하는 일념을 가지고 인도로 향했던 것이다.

아침 8시 반에 버스를 타서 8시간만인 오후 4시 반에 주천에 내렸다. 돈황 위쪽은 산악과 사막지대로서 위험한 지역이요, 내가 버스 타고 왔던 돈황 아래쪽 도로는 그래도 편한 길이다.

> 하루 버스로 다니는데도 고달프고 힘겹건만
> 자그마치 그 긴 사막을 지나 인도로 향했던 구법승들은 어떠했을까?
> 천여 년 전의 법현, 현장, 신라의 혜초 등 수많은 구법승들이
> 오로지 법을 구하고자 하는 일념으로
> 끝없는 사막과 산을 넘으며 얼마나 외로웠을까?
> 배고픔과 추위, 목숨을 위협하는 적들과의 싸움에서
> 얼마나 힘들고 고달팠을까?
> 아마도 몇 번이고 고향으로 다시 돌아가고픈
> 마음을 억누르며 눈물을 흘렸을
> 그들의 구법정신에 마음이 숙연해진다.

불교의 진리는 석가모니부처님의 가르침만을 가지고 말하지 않는다. 부처님의 설법이 담긴 원시경전으로 인해 일파만파로 퍼져나갔던 논論과 대승경전을 결집한 이들의 노고도 포함된다. 또한 법을 구하고자 인도로 갔던 구법 승려들, 중국으로 유학을 떠났던 한국의 역대 스승들로 인해 불교가 형성될 수 있었다. 역대 구법승들의 땀과 진리를 향한 일념一念이 엉키어 지금의 북방불교가 생긴 것이다. 그들의 정신세계에서

뛰어놀 수 있다는 것만으로 감사드린다.

▶▶이틀간의 행보 : 돈황고성 → 서천불동 → 양관 → 삼위산 풍경구

　　　　　　→ 주천酒泉

주)
1) 위치우위는 중국의 문화사학자이며 저술가이다. 그의 작품은 발표될 때마다 수십만 부가 팔렸다. 국내에서 번역된 저서로는 『중국문화답사기』, 『천년의 정원』, 『세계문명 기행』 등이 있다.
2) 기원전 2세기 무렵, 한나라 무제 때 장건이 13년간 서역을 다녀온 이후, 서역의 지리적 지식과 중앙아시아의 여러 문물이 전해졌다. 중앙아시아와 교류를 하면서 점차 로마제국(서쪽)과도 문물교류가 시작되어 동서간의 실크로드가 개설되고 무역이 활발해졌다.
3) 여행경로는 감숙성 돈황 → 주천 → 장액 → 무위였으나 이 책에서 주천과 무위지방 기행문은 생략되었다.

마애사 풍경구

# 석굴의 아름다움
감숙성 장액 | 목탑, 마제사, 관음동, 천불동

감숙성 장액張掖에 와서 처음으로 가야 할 곳을 대불사大佛寺로 정하고 지도에도 표시해 두었다. 마침 묵었던 숙소 후문에서 5분 거리이다. 오늘 처음 순례가는 사찰이라 즐거운 마음으로 입구에 도착하니, 입장료가 41원이란다.

한국 승려라고 해도 이 사찰은 박물관이라면서 입장료를 내라고 하였다. 그래 분명히 100원을 내고 1원짜리를 함께 내며 몇 마디 주고 받았다. 그런데 그게 화근이었다. 매표원 아줌마는 100원은 내지 않고 1원짜리만 냈다며 입장료를 또 내라는 것이다. '이를 어떻게 하나!' 부처님만이 아실 일이지만 너무 억울해서 도저히 마음이 내키지 않았다. 순간 포기했다. 아무리 막으려고 해도 수중에서 돈이 세어나가는 일은 어쩔 수 없는 일이 아닌가?

'나무로 만든 부처는 불을 지나지 못하고, 흙으로 빚은 부처는 물을 지나지 못하는 법. 불상이나 보살상은 하나의 형상에 지나지 않는 것이므로 형상에 집착하지 말아야지.' 하고 어제도 맹세했건만, 박물관에 안치된 불상을 보고 언짢게 여기며, '법보와 승보가 존재하지 않는 사찰에 참배하는 것이 무슨 의미가 있을 것인가' 싶다. 그래 오늘 대불사 참배는 하지 않기로 했다. 깨끗이 포기했다. 중국에서 가끔 이런 비슷한 일이 있어 잔돈을 꼭 준비해 가지고 다닌다. 중국은 호텔이나 방을 빌릴 때도 야진押金이라는 것이 있다. 그건 호텔측에서 보증금으로 손님에게 얼마를 더 받아 두는 것이다. 호텔인 경우 방이 150원이면 200원을 받아 두었다가 나갈 때 50원을 거슬러 준다. 어떤 호텔은 야진이

요씨 비구니상

 방값의 2배가 넘는 곳도 있다. 호텔에서 문제가 있을 경우는 손님에게 보상해주는 법이 없지만, 손님이 물건을 훼손했을 경우는 야진으로 때우는 방법이다. 중국 상인들은 절대 손해 보는 법이 없다.
 장액 지도를 보고 그 다음 계획했던 곳을 찾아갔다. 대불사 근방과 토탑 주변에는 중국을 상징하는 골동품이나 옥, 그림, 문방사우를 파는 가게가 즐비하다. 대불사 뒤편에 토탑土塔이 있는데 그곳으로 걸어갔다. 한눈으로 보아도 고개가 저어질 만큼 위엄있고 기품있는 백탑이다. 토탑 옆에는 합장하고 있는 비구니상도 하나 있다. 그 밑에는 '요씨니고간개姚氏尼姑簡介'라고 쓰여 있다.

 천년고찰로서 역경이 이루어 졌으며 절의 형세가 의연했고, 이곳에 만부의 경전이 있었으니 지극한 보배이다. 이는 비구니 본각本覺의 공덕이다. 본각은 1901년에 태어나 1975년에 열반하여 그녀의 유골을 마제사에 안치했다. 그녀는 18세에 출가하여 각고의 수행을 했고, 대불사에서 경전을 보호하고 수호했다.

결국 토탑은 외따로 떨어져 있는 것이 아닌 대불사 탑이었다. 토탑에서 20여 분을 걸어 장액 중심 광장 앞에 위치한 목탑으로 향했다.
이 목탑木塔은 원래 만수사萬壽寺 목탑이다. 이 만수사는 현재 승려가 거주하는 것이 아니라 목탑만 덩그러니 있고, 관람료를 받는다. 탑 뒤편에는 장경루라고 쓰인 대전大殿이 있으나 지금은 무슨 전시용 건물로 사용하고 있는 듯하다. 탑은 북주시대에 조성되었으니, 지금으로부터 1500년의 역사를 간직한 탑이다. 높이 32.8미터, 8각 9층탑으로 목탑 안으로 들어가 중간층까지 올라갈 수 있는데, 들어가는 입구에 '등극락천登極樂天'이라는 편액이 있다. 5층까지 올라갔는데, 그곳에서는 장액 시내가 한눈에 들어온다.
지도를 보니, 그 주변에 천주교당과 기독교당이 있어 그곳을 찾아갔다. 이 북방은 작은 도시마다 천주교당이 있다. 천주교당은 한국 성당으로 견주어봐도 꽤 큰 건물인데, 그 앞에 또 신축을 하고 있어 천주교당은 들어갈 수가 없었다. 바로 옆에는 기독교당이 있는데 일요일에 2번의 예배, 주중 수요일과 금요일 밤에 예배, 월·목·토요일에 새벽기도가 있다.
기독교당 앞에서 택시를 한대 잡아 마제사馬蹄寺를 향해 출발했다. 차가 장액 시내를 빠져 나와 시외 변두리로 한참을 달렸다. 장액 시내를 빠져 나오니 허허벌판이다. 50여 분을 달린 뒤, 마제사 입구에 도착했다.

마제사 풍경구 모습

  도착해서 보니 마제사는 한 개 사찰이 아니라, 금탑사金塔寺·관음동·천불동·승과사 등 사찰군을 이루고 있었다. 이 사찰군은 북량北凉시대에 조성되었다고 하니, 지금으로부터 1600년의 역사를 가진 곳이다. 한편 그곳은 산 전체가 거대한 돌산으로 이곳저곳 동굴에는 불상과 보살상이 모셔져 있고, 볼록하게 나온 바위에는 탑이 새겨져 있었다.

  일단 마제사를 지나 관음동과 금탑사를 먼저 다녀오기로 했다. 마제사에서 관음동까지 13킬로미터를 달렸다. 일반 고속도로에서 13킬로미터는 얼마 걸리지 않는 거리이지만, 이곳은 산길인데다 눈까지 있어 많은 시간이 소요되었다. 가는 내내 정말 표현키 어려운 아름다운 장관이 펼쳐지는데, 이것은 차라리 한 폭의 그림이었고, 절강성 구화산에서 느꼈던 평화로운 이미지다. 하늘과 맞닿은 산등성이와 널리 펼쳐진 들녘에서는 양떼들이 풀을 뜯고, 듬성듬성 있는 동굴에는 어느 촌부의 손길로 조성되었을 탑이 새겨져 있다. 드디어 관음동에 도착했다.

관음동 탱화

관음동觀音洞에 도착하니, 깎아지른 절벽 위에 양쪽으로 동굴이 있고 그 동굴 입구에 기와를 조성하고 문을 달아 놓았다. 관음동 들어가는 문이 어디인지 몰라 일단 옆길로 빠져 절벽 위 동굴로 올라갔다. 오른쪽에는 지장보살이 모셔져 있는데 최근에 조성한 것으로 보였다. 왼쪽에는 관음보살이 모셔져 있는데, 이곳은 천연동굴로 그 옛날, 적어도 당나라 때의 작품으로 여겨지는 벽화가 사방에 있었고, 중간에 단이 있는데 부처님은 계시지 않고 벽화(후불탱화)만 있다. 누군가가 고의적으로 훼손시킨 것으로 보이는 몇 부분을 제외하고는 막고굴보다 더 선명한 모습으로 부처님과 보살님이 미소 짓고 있다. 당시 가슴이 설레며 환희로운 기분으로 벽화를 보았던 흥분이 지금까지 여전히 남아 있다.

절벽 위 동굴에서 지상으로 내려오니 법당 앞에 비구니 스님 한 분이 서 있었다. 스님께 합장을 했더니 차 한 잔 하고 가라며 들어오라고 한

마제사 풍경구(굴 내부 곳곳마다 불상과 탑이 모셔져 있다)

다. 스님은 지금은 혼자 살지만 제자가 여럿 있다며 제자들의 사진을 보여 주며 한참이나 사진 속의 스님들에 대해 자랑을 한다. 정확히 알아들을 수는 없었지만, 알아듣는 척이라도 해야 할 것 같아 연신 고개만 끄떡였다. 차와 감자를 얻어먹고 금탑사로 향했다.

　금탑사는 관음동에서 12.5킬로미터로 갈 길이 까마득했지만 기사와 기사 부인이 기꺼이 응해 주었다. 눈 앞에 펼쳐지는 눈으로 덮힌 은산, 관음동까지 왔던 길보다 더 아름다운 능선이 펼쳐졌다. 굽이굽이 산길을 기사는 군말 없이 잘도 달린다. 1시간 정도를 달려 금탑사에 왔으나, 금탑사 입구에서 문이 잠겨 있어 그곳까지 들어가지 못했다. 할 수 없이 달려갔던 산길 26킬로미터를 되돌아 달려 마제사에 도착했다.

　승과사勝果寺부터 들어갔다. 승과사는 라마사찰인데, 너무 추운 겨울이라서 그런지 승려가 보이지 않았다. 승과사 위에 수많은 석굴이 있는데, 작은 석굴들에는 탑이 조성되어 있다. 탑 부근까지 힘겹게 올라갔으나 문이 잠겨 있어 부처님을 친견하지 못했다. 그곳에서 옆 산길로 10분 정도 걸으면 마제사가 나온다.

마제사馬蹄寺 산등성이에서 돌아서니 1996년에 조성된 큰 석탑 2기가 있고, 그곳에서 바라보니 거대한 절벽에 수많은 동굴이 보인다. 마제사는 현재 불사 중이다. 조금 어둑어둑해지기 시작했으나 이왕 내친 김에 그곳으로 발걸음을 옮겼다. 그곳에는 큰 대전이 장불전藏佛殿과 33천전三十三天殿, 마제전馬蹄殿이 있고 그 위에 또 동굴 법당이 있는데, 너무 늦은 시간이라 올라갈 수가 없었다.

석굴 위에는 요사채가 있는 듯한데, 마침 한 티베트 승려가 느릿느릿한 걸음으로 산길을 올라가고 있었다. 해가 으스름해진 무렵, 일몰을 배경으로 걷고 있는 승려의 모습이 왜 그렇게 외로워 보이는지, 한참을 바라보았다. 시간이 넉넉했더라면 올라가 보고 싶었지만 내 마음 속의 그림으로 남겨두기로 했다.

마제사馬蹄寺에서 내려와 10여 분을 걸으면 천불동千佛洞이다. 이곳에 도착하니 문이 잠겨 있다. 어렵게 찾아왔는데 그냥 갈 수 없었다. 문을 두들기며 "죄송합니다. 한국 승려인데, 잠깐만 문 좀 열어 주세요." 사정을 했다. 스님께서는 잠시 후에 열쇠를 가져와 문을 열어 주었다.

천불동은 현재 정토종인데 8명의 승려가 상주한다. 이곳도 마찬가지로 깎아지른 절벽 위에 석굴로 조성된 법당이 대여섯 곳이다. 편액이 만덕원융萬德圓融이라고 쓰여 있는 중심 법당 안에는 당나라 초기에 조성된 석가모니부처님과 가섭, 아난이 모셔져 있다. 스님께 양해를 구한 뒤, 어두운 곳에서 사진을 찍었는데 현상해보니 부처님과 가섭, 아난의 석상石像이 우아하게 보였다. 세상에 이보다 더 아름다운 옷차림이 있

아난의 석상

가섭의 석상

을까 싶은 정도이다.

  이곳 사원군에서 제일 많은 동굴을 지닌 곳이 마제사요, 다음은 천불동, 그 다음은 금탑사라고 한다. 다 합쳐서 70여 개의 석굴이 있다고 한다. 탑이 새겨져 있거나 곳곳에 새겨진 것까지 치면 하나의 대불국토를 이룬 곳이다.

  저녁 늦게 돌아오는 차 안에서 후회했다. 좀더 아침 일찍 출발해 갔어야 했는데 시간을 제대로 짜지 못해, 가장 중히 봐야 할 마제사 석굴군을 대강 보았던 것이다. 하지만 인생을 다 살아보고 다시 살 수 없는 것처럼, '처음 와보는 곳인데 이런 시행착오야 있을 수 있지!' 생각하며 더 이상 자책하지 않기로 했다.

▶▶오늘의 행보 : 목탑 → 천주교당 → 마제사 석굴군(관음동 → 승과사 → 마제사 → 천불동)

탑이사 입구 8존탑

# 쿤붐 - 티베트 종카파의 고향
청해성 서녕 | 탑이사

감숙성甘肅省 무위武威에서 청해성青海省 서녕西寧으로 가기 위해 버스터미널로 갔다. 버스편이 하루 한 번밖에 없기 때문에 숙소에서 나올 때부터, '터미널에서 기다리더라도 조금 여유있게 가자!' 생각하고 출발했다.

그런데 오전 10시 버스표를 끊으려고 돈을 내니, 직원이 외국인인 줄 알고 "청해성은 인신보험人身保險을 들어야 갈 수 있는데 보험 들었냐?"는 것이다. 안 들었다고 했더니 버스비를 도로 내 주면서, 외국인이 보험에 들지 않으면 버스표를 줄 수 없다는 것이다.

"어디서 보험을 들어야 하느냐?"고 물었더니 "천마빈관으로 가라."고 한다.

짐을 터미널에 맡기고 택시를 타고 천마빈관에 갔더니 퇴짜, 다시 여행사로 갔더니 그곳에서도 퇴짜, 가까운 보험회사가 있어서 갔더니 "단체는 되는데 혼자는 보험이 안 된다."고 퇴짜당했다. '아무래도 서녕은 못 가나 보다.' 생각하며 돌아서는데, 마침 어느 여자 분이 이를 알아차리고 다른 보험회사로 안내했는데, 보험회사 직원이 늦게 와서 10시가 넘어버렸다.

버스 출발 시간을 넘긴데다 아침부터 40여 분을 헤매고 다닌 내 자신에게 화가 나서, '청해성에 안 가면 안 갔지 이렇게 힘들어서야 어떻게 가나!' 싶어 여행 일정을 다시 잡기로 마음먹고 터미널에서 짐을 찾기 위해 택시에 올라탔다. 그런데 보험회사 직원과 처음 만난 여자 분이 계속 나를 쫓아온다. 관심도 두지 않고 터미널에서 내려 사무실에 가서 가방을 달라고 했더니, 보험회사 직원이 불쑥 끼어들며 직원에게 뭐라고 변명을 한다. 그런데 그 다음이 문제였다.

터미널 직원은 "버스 출발 시간을 늦출 터이니 보험을 들라."는 거였다. 그래 보험카드를 작성하고 있는데 그 사이에 10시 출발해야 할 차가 출발하지 않으니 승객들이 항의를 하는 듯 했다. 직원은 도리어 호통을 치며 기다리란다. 정각에 출발해야 할 버스가 외국인 한 사람 때문에 40여 분이 지나서 출발하는 것이나, 손님에게 존대해야 할 직원이 도리어 큰소리를 치는 것을 보며 혀를 내둘렀다. 중국인들은 이러한 관시關係문화 때문에 때로 문제가 되기도 하지만, 일종의 정情이라고도 여겨진다.

어쨌든 차를 탔는데 33인석 미니버스였다. 외국인 때문에 차가 지연된 걸 알았는지, 차를 타자마자 몇몇 사람들은 내 옷과 머리, 신발, 가방까지 뚫어지게 쳐다보며 도대체 어떤 사람인지 매우 궁금해했다. 한참을 가는데 옆에 앉은 할아버지가 "어디서 왔느냐?"며 담배까지 한 대 권한다. 아마 모자를 쓰고 있어 승려인 줄 모르나 보다. 한국인이라고 했더니 "한국인이래!"라고 뒤에 앉은 사람에게 말하니, 그 뒷사람은 또 뒷사람에게 릴레이로 전달을 한다. 차 상태를 보니 이제까지 탔던 버스 중에 최악의 버스다. 더군다나 중국의 도시 중에서 가장 가난한 청해성으로 가는 버스라서 그런지 승객들의 얼굴이나 옷차림에서도 고난과 가난이 역력해 보인다.

탑이사 전경

　앉은 좌석은 통로쪽인데 차가 한참을 달리는 동안 꾸벅꾸벅 졸았다. 그런데 갑자기 할아버지가 나를 깨우면서 자리를 바꾸어 앉자는 것이다. 왜 그런가 했더니 "머리를 창가쪽으로 기대고 편히 잠을 자라."는 할아버지의 배려였다. 참으로 외국인에 대한 이런 배려와 순수함이 또 한 번 나를 감탄케 한다.
　서녕에 내리니 하얀 터번을 쓴 회교도와 티베트 승려, 티베트 전통옷을 입은 사람들이 눈에 많이 띈다. 이 서녕은 청해성의 성도省都이다. 특히 청해성은 티베트 사찰이 많고, 이곳에서 티베트 라싸로 가는 버스편도 많다. 일단 오후에 도착해서 내일 티베트 사찰을 순례하기 위해 푹 쉬기로 했다.

　아침을 든든히 먹고, 탑이사塔爾寺로 가기 위해 서녕체육관 앞에서 버스를 탔다. 탑이사는 명나라 때인 1560년, 티베트 겔룩파(황모黃帽파 : 현 달라이 라마)의 창시자 종카파(1357~1419년)의 출생지로서 그가 창건했다. 이 탑이사를 '쿤붐'이라고도 부르는데 그 유래가 있다.

　종카파 스님이 중앙 티베트에서 수행하고 있을 때, 어머니가 종카파에게 "한 번 보고 싶으니 고향에 오라."는 편지를 보냈다. 종카파는 고향에 가지 않고 답장과 함께 자신의 초상화 2장과 문수보살 그림, 그리고 탄트라의 신 뎀초그Demchog 그림 몇 장을 보냈다. 그림이 가족에게 전달될 무렵, 종카파는 법력으로 그림이 나뭇잎에 떠오르게 했다. 그 그림이 뚜렷하고 완벽해서 아무리 유능한 화가라도 모방할 수 없었다.

　그림 외에도 나뭇가지와 껍질 표면에 '옴마니반메훔' 글자와 다양한 기호가 나타났다. 이것이 수 천의 상像을 의미하는 '쿤붐'이라는 의미이다. 예전에는 수천 명의 승려가 상주했고, 문화혁명 때 잠깐 주춤하다가 1980년대 들어 활동이 활발해졌다고 한다. 현재는 10살 쯤의 어린 스님부터 노령의 고승까지 700~800명 정도 거주한다.

　처음 들어가는 법당인 소금와전에서부터 참배를 시작했다.[1] 법당 내부마다 경전을 보자기로 소중히 싸서 보관하고 있다. 티베트인들은 그 경전 밑에 불전을 끼워 놓기도 했고, 어떤 이들은 연신 절을 하기도 했다. 대체로 티베트에 불교가 들어온 시기를 7세기경이라고 본다. 한국은 4세기 경 중국의 한역 불교를 받아들였지만, 티베트는 후기 인도 대승불교인 밀교와 상좌부불교, 초기·중기 대승불교를 전부 받아들인 것이다.

법당 내에 경전을 소중하게 싸서 보관해 놓았다

쏭짼 감뽀(617~698년)는 북인도로 사람을 파견해 인도 글자를 본뜬 티베트 글자를 만든 뒤, 인도에서 직접 받아들인 산스크리트 경전을 번역하게 하여 티베트대장경을 완성시켰다.

이들은 경전을 매우 소중하게 보관하는데, 법보에 대한 예가 지극하다. 티베트 사찰 내부의 가장 큰 건물 또는 중요한 당우를 대경당大經堂이라고 한다. 아마도 법보를 소중히 여기는 데서 유래한 것 같다.

상수유화원上稱油花院이 있는데, 들어가는 입구에 유화油花로 된 조각이 있다. 이 가운데 문성 공주가 티베트의 왕에게 시집가는 장면을 묘사한 것이 있다. 당나라 태종의 딸 문성 공주가 티베트의 왕 쏭짼 감뽀에게 시집갈 때 한역 경전과 불상을 가지고 갔다고 한다. 이 문성 공주로 인해 티베트에 불교가 유입되었고 번성하는 계기가 되었다고 할 수 있다.

최고의 경당인 대금와당大金瓦堂은 이름대로 기와가 금색으로, 안에는 종카파의 대은탑大銀塔이 있다. 이곳에서 많은 이들이 오체투지를 한다.

최고 법당인 대금와당

상수유화원

불사가 안된 당우

　탑이사를 중심으로 빙 둘러싸인 산 언덕배기에 룽다²⁾가 펄럭이고 있었다. 10분 거리면 당도할 수 있는 거리인지라 올라갔다. 어떤 보살님은 치마에 두꺼운 비닐을 두르고 손에는 작은 나무판을 들고 그 추운 겨울, 땅바닥에서 오체투지를 하고 있었다. 저렇게 간절하고 신심이 깊건만, 나라까지 빼앗기고 경제적으로 힘겹게 살아가는 티베트 사람들에 대한 연민이 앞선다.

　탑이사의 법당 건물은 거의 보수를 하지 않았다. 명나라와 청나라 때의 건물 모습 그대로다. 스님들이 수행할 수 있는 생활 여건도 열악하다. 어른 스님들은 "춥고 배고파야 수행할 마음이 나는데, 요즘 젊은 승려들은 그런 고난이 없어 수행을 게을리한다."고 염려하던 말씀이 생각난다. 물론 부나 윤택함을 가지고 삶의 질을 가늠한다거나 수행의 질을 척도할 수는 없지만, 승려들의 거주처인 요사채가 너무 허름해 보여 조금 가슴이 아프다.

탑이사에서 버스를 타고 서녕에 들어서자 마자, 왼편 언덕배기에 남선사南禪寺가 눈에 띈다. 지도에서 봐 두었기 때문에 차에서 내려 그곳에 가 보았다. 사찰 앞에 정자도 세워져 있고 시민들이 쉴 수 있는 작은 공원도 조성되어 있었다.

남선사는 명나라 때 창건해 원래는 선종사찰이었으나 지금은 정토종으로 서녕 불자들의 귀의처가 되는 듯했다. 도량 곳곳에 "불교란 무엇인가?", "불교적인 생활", "석가모니부처님의 일생" 등의 글과 그림이 붙어 있고, 또 곳곳마다 법문 내용이 쓰여 있다. 남선사 옆의 비구니 사찰은 법당불사가 진행 중이었다. 이 사찰들이 부처님의 가르침을 전하는 대사찰로 발돋음하기를 바라마지 않는다.

다시 버스를 타고 숙소로 향하면서 '내일 오전에는 서녕의 제일 큰 이슬람사원을 가야지!' 생각하는데, 마침 이 사원이 눈에 띄었다. "떡 본 김에 제사 지낸다."고 버스에서 내려 동관청진대사東關淸眞大寺로 들어갔다.

이곳은 명나라 때인 1380년에 세워졌으며, 청해성의 대표적인 이슬람사원이다. 물론 감숙성 돈황, 주천 등 북방 여러 지역에서도 보았지만, 청해성 서녕은 이슬람 교도들이 매우 많다. 서녕 지도에 보면 청진사淸眞

이슬람사원 동관청진대사

寺라는 데가 7~8곳에 달하고, 도시 곳곳에 이슬람인이 경영하는 음식점이나 목욕탕, 가게가 있다. 이슬람 사람이 경영하는 상점의 간판에는 상점 이름 위에 '청진淸眞'이라는 말이 꼭 쓰여 있다.

탑이사 앞에는 불교용품 가게가 대략 100여 곳 되는 것 같은데, 이슬람교도가 운영하는 곳도 꽤 많다. 한국에도 조계사 앞에서 불교용품을 운영하는 가게 주인 중에 기독교인이 있고, 불상 제작하는 사람 중에도 기독교인이 있다고 들었다. 궁여지책으로 먹고 사는 일과 종교는 별개의 것인가?

동관청진대사에 들어가니 관람료를 내라는 것이다. 그러면서 "예배당은 들어가지 말라."는 말까지 신신당부를 한다.

좌우의 첨탑인 출입문을 들어서면 제법 큰 도량이 나온다. 그 도량에 이슬람 사원의 중심인 대전大殿이 있는데, 이 건물은 티베트 양식을 도입했다고 한다. 들어가지 말라고 하니까 더 궁금해서 예배당 문을 열어

탑이사 87

이슬람교도들이 기도하는 모습(북경 예배사)

보니 마침 아무도 없었다.

　실례를 무릎쓰고 들어갔더니, 사람들이 줄지어 기도할 수 있도록 카페트가 깔려져 있고, 숭배의 대상인 성물은 보이지 않고 가장 윗부분에 놓인 단 위에 몇 마디 쓰인 족자만이 걸려 있을 뿐이다. 남의 종교 성지에 들어와 기웃거리는 일이 무례한 것 같아 부리나케 밖으로 나왔다.

　▶▶오늘의 행보 : 탑이사 → 남선사 → 동관청진대사

주)
1) 소금와전小金瓦殿 → 기도전 → 진열관 및 탑이사경로당 → 대경당大經堂 → 의명경전醫明經殿 → 석가불전 → 종가파불전宗喀巴佛殿 → 대금와전大金瓦殿 → 미륵불전 → 변지전遍知殿 → 시륜경전時輪經院 → 상수유화원上穌油花院 → 밀종경원密宗經院 → 도모전度母殿
2) 룽다는 천에 경전 내용이나 진언이 쓰여 있는데, 당기와 번기라고 하면 적당할 것 같다.

북선사 전경

# 중생의 어리석은 삶
### 청해성 서녕 | 북선사, 동인가는 길

북선사 전경

오전, 도교 사원인 북선사北禪寺로 발길을 돌렸다. 북선사는 서녕 북쪽산에 위치해서 북산사北山寺라고도 부른다. 이 북선사는 대략 2000년 전에 세워졌고, 처음에는 불교 사찰이었는데 북위 시대에 도교 사원으로 바뀌었다.

또 청해성에서 처음으로 세워진 도교 사찰이라고 한다. 돈황 삼위산 풍경구 내에도 왕모궁이라는 도교 사찰을 보았는데, '왕모'는 왕모낭낭王母娘娘으로 하늘 세상의 직위 가운데 최고의 여성 신선이라고 한다.

도교 사찰이라고 해도 일반 백성들은 부처님이든, 왕모이든 특별히 구별하지 않는 듯하다. 도교 사원 도량 곳곳마다 불교의 흔적이 많이 남아 있다. 먼저 재신전財神殿 내부에는 재신을 중심으로 왼쪽에는 관우상, 오른쪽에는 신장상이 모셔져 있다. 또한 상점에서 파는 재신상이 수십

절벽 모습이 마치 부처님과 같다고 해서 '섬불'이라고 한다

개가 있는데, 그 옆에 관음상도 십여 상이 있고, 상단 위에는 작은 불상도 함께 모셔져 있다. 하기야 불교 사찰 도량 안에도 재신전이 따로 있고, 어느 당우에는 관우와 더불어 재신보살이 모셔진 경우도 있다.

비스듬한 산등성이에 매달려 있는 당우들을 멀리서 보면, 마치 불교 사찰로 보인다. 또한 절벽 사이사이마다 깎아지른 암벽 모습이 부처님 상으로 보인다. 안내문에는 '섬불閃佛'이라고 쓰여 있는데, 아마 옛날부터 이곳 사람들은 암벽 모습을 부처님으로 생각해, 그렇게 불러오는 것 같다.

북선사 도량 내부에 서방삼성전西方三聖殿이 있다. 이곳에는 아미타불을 중심으로 좌우보처로 지장보살과 관음보살이 모셔져 있다고 하는데 들어갈 수가 없었다. 마치 인도의 힌두교에서는 석가모니부처님을 서열상 7번째인가(?) 성자로 모시는데, 혹 그런 것이 아닌가도 생각되었다. 한편 도교 사원이지만 중생들의 부처님을 향한 바람을 저버릴 수 없었던 것이 아닌가 싶다.

관음상과 유사한 태을구고천존

두모전 내부에는 불상과 관음상, 관우상 등이 모셔져 있다

    도량 언덕배기에 부처님의 가르침이 쓰인 룽다가 펄럭이고 있었다. 두모전斗母殿 앞에도 불상과 관음상, 포대화상, 재신상 등 수십여 종이 함께 모셔져 있다. 두모전에 안치된 태을구고천존太乙救苦天尊상은 관음상과 흡사했다. 태을구고천존은 청현상제靑玄上帝라고도 하는데, 세상을 구제하는 것이 그의 역할이다. 고통 받고 불행하게 지옥에 떨어진 자가 천존天尊을 부르면, 곧 감응을 받는다는 것이다. 마치 중생이 고통 받고 지옥에 떨어졌을 때, 관음보살을 칭하면 관음보살이 그에게 다가와 구제한다고 하는 것과 똑같다. 한편 불교 사찰에서 쓰이는 사물들, 종을 치거나 향과 초를 태우고, 깨끗한 물을 올리며, 건물도 불교 사찰의 법당과 유사하다.

    중국에 불교가 들어오기 이전, 유학이나 도교가 존재했다. 불교가 들어온 이래 중국의 사상계는 불교 교리로 인해 크고 넓게 발전했다. 또

도교의 출가자들

한 불교는 성리학이나 양명학에도 영향을 끼쳤고, 도교의 의례나 도교 교리를 발전시키는 데도 많은 공헌을 했다.

이곳은 승려를 '도사道士'라고 하는데, 불교 승려와 똑같이 출가인出家 人이라고 지칭한다. 중국은 "나는 승려입니다."라는 말보다, "출가자입니다."라는 말을 더 많이 쓴다. 이곳에서 만난 남녀 도사들은 똑같이 검은 빛의 모자를 쓰고 검은 색에 가까운 옷을 입고 있었다. 도사들은 결혼도 하고 일상생활을 하면서, 불교 승려들처럼 출가인이라고 불린다.

북선사가 깎아지른 높은 지대에 위치해 있는지라 꼭대기까지 올라보니 청해성 서녕 시가지가 한눈에 들어온다. 서녕은 사방이 산으로 둘러싸인 분지에 자리잡고 있는 한 성省의 성도치고는 매우 작은 도시이다. 옛날에는 실크로드 남쪽 통로라고 할 만큼 요충지였다고 한다. 이 서녕에 한족이 제일 많고, 다음이 티베트족, 회족回族, 사랍沙拉족, 토土족 등 다양한 민족이 함께 어울려 산다. 다양한 민족이 있는 만큼 종교도 다양하다.

  이 작은 도시는 태양이 강하고 바람이 심하며 겨울에는 몹시 춥고 물도 부족한 열악한 환경이다. 이런 환경에서 살아가는 인간의 생존력이 참 대단하다. 물론 서녕을 포함해 북방 전체가 교육적인 환경이나 문화 혜택이 적을 뿐만 아니라 기온 변화가 너무 심하다. 북방을 여행하는 동안 얼굴이 까맣게 타고 밤에는 손과 얼굴이 따가울 정도였다.

  서녕에서 동인同仁으로 가기 위해 버스표를 끊고 보니, 1시간 반 가량 시간이 남는다. 마침 서녕 버스터미널 앞에 소수민족들의 시장이 있어 기다리는 동안 구경이나 하자고 갔다. 시장은 티베트 사람들의 가방, 옷, 가죽, 양탄자 등을 주로 팔았다.

  중국의 어떤 상인은 물건의 10배까지 추가해 부르고 최하 2배 이상 부르기 때문에 무조건 깎아야 한다. 숙소에서도 방값을 낼 때 혼자라는 점을 감안해서 최대한 깎은 다음에 낸다. 어차피 달려 있는 입으로 말하는데 밑져야 본전 아닌가! 중국의 물건 값은 정찰제가 아니라 엿장수 마음처럼 부르는 게 값이다. 외국인이 공부하는 중국어 책에도 상인이 580원(한국돈 75,000원) 하는 외투를 손님이 150원(한국돈 20,000원)에 사는 예문이 나올 정도이다. 또 똑같은 물건도 상인들마다 제각각 다르다.

  외국인인 줄 알면 물건 값이 금방 치솟는다. 과일 살 때도 말하지 않고 과일부터 고른 다음 저울에 얹을 때까지 가만히 있으면, 상인이 먼저 가격을 말한다.1) 그때 부른 값을 내면 속지 않는다. 뛰는 놈 위에 나

중국은 과일을 저울에 얹어서 판다

는 놈이 있다고, 나도 점점 약아지기 시작했다.

마침 시장 구경을 하다가 괜찮은 염주가 있어 물어보니 25원(한국돈 3,300원)이라고 한다. 한국에서 그 정도면 만 원은 족히 넘을 만한 염주다. 미안하다고 말하고 옆집 가게로 가니 똑같은 염주를 20원이라고 한다. '그러면 그렇지, 내가 왜 25원을 주고 사나! 하마터면 5원을 더 낼 뻔 했지' 하고 5개를 샀다. 염주를 만드는 수공비가 만만치 않을 텐데, '노동력 가치에 비해 너무 싼 것이 아닌가!' 하고 생각하며 미안한 마음도 들었다. 돌아다니면서 똑같은 염주가 있어 가격을 물어보니 15원이라고 한다. '어쩐지 안 속고 좀더 싸게 샀다고 했더니, 아이고! 그럼 그렇지.'

한참을 더 구경하다가 가벼우면서 좋은 양탄자를 발견하고는 탐이 났다. 중국의 양탄자 중 우루무치나 천진, 상해의 양탄자를 알아 주는데 북방쪽의 양탄자는 싸면서도 좋다고 들었다. 중국 와서 한국의 어른들께 변변한 선물을 한 적이 없어 연말 연초에 그것을 보낼까 하고 물건값을 물어보니 한 개당 170원이라고 한다. 일단 여러 상점을 둘러보니 다른 곳은 200원 이상을 불렀다. 제일 가격이 싼 가게로 가서 3개를 사면서 510원(한국돈 65,000원)을 내라고 하는데 깎고 깎아서 470원(한국돈 60,000원)을 주고 샀다. 멀리 간다고 했더니 상점 주인이 물건을 단단히 묶어 주었다. '아무튼 나도 대단하지!' 하고 나 자신에게 칭찬까지 하며 시장에서 나와 버스를 타고 4시간이나 넘게 걸려 동인(同仁)에 도착했다.

저녁에 정리를 하면서 포장한 것을 열어보니 분명히 3개 있어야 할 양탄자가 2개뿐이었다. 이래저래 손해가 막심하다. 거의 170원(한국돈 22,000원)을 길에 내버린 셈이다. 도저히 이해가 가지 않는다. 포장할 때 지켜보지 않은 내가 문제이지만, 그런 식으로 장사를 해서 얼마나 많은 돈을 벌겠는가! 다시 가서 호통을 치고 싶지만, 멀리까지 왔으니 어쩔 수 없다. 멀리 간다고 했던 것이 화근이었다. 아무튼 중국 상인들의 못된 상술은 참으로 깊고도 심오하다.

솔직히 여행하면서 만난 중국인들은 한국인에 대한 배려가 깊었다. 오늘 버스 안에서 옆에 앉았던 아저씨는 일부러 창가쪽으로 자리까지 바꿔 주며 창밖 풍경을 보라고 했고, 달리는 내내 "이곳이 어디어디…"라고 설명까지 곁들여 주었다. 아무튼 어쩔 수 없는 일이다. 마음을 접기로 했다. 전생에 지은 빚이 있어 갚았다고 생각하니, 그 상인의 인생이 가엾다는 생각이 든다.

'아이고, 아까워라! 170원'


서녕에서 동인 가는 길은 도로 공사가 되어 있지 않다. 먼지가 하도 많이 일어 버스 안에 있는데도 입 안에서 흙먼지가 씹혔다. 그러나 오는 내내 창밖으로 보이는 풍경은 정말 장관이었다. 거대한 돌산으로 이루어져 있는데 차를 타고 있는지조차 잠시 잊을 만큼 그 풍경에 흠뻑 취했다. 중간쯤 달릴 무렵, 융무하隆務河라는 호수는 물이 새파랗다 못해 검은 빛까지 띠고 있다. 호수가 있고, 중간중간 절벽의 폭포가 얼어붙어 있는 모습을 보며 또 한 번 중국땅의 경관에 감탄했다.

이슬람 사원도 간간히 눈에 띄고, 티베트의 탑과 작은 사찰들, 절벽 바위에 그려진 불상도 아름다움 그 자체이다.

'가능하면 몇몇이 함께 차를 빌려 자유롭게 여행하다가 이런 좋은 경관이 있으면 쉬면서 차도 마시고, 경관을 찬탄하며 잠깐 명상에 빠져보면 얼마나 좋을까!'

▶▶ 오늘의 행보 : 북선사 → 서녕 시장 → 동인

주)
1) 중국은 과일이나 기타 채소, 과자도 저울에 달아서 판다.

오체투지를 하고 있는 티베트인

# 티베트 예술의 명맥을 잇는 승려들
## 청해성 동인 | 융무사, 오둔사

융무사 전경

청해성青海省 동인同仁은 티베트인이 많이 사는 자치구다. 그래서 그런지 거리 간판이 중국어와 티베트어가 병용되어 있고, 어느 곳은 아예 티베트어로 쓰여 있다. 또한 티베트 방송까지 나온다. 하기야 중국에서 한족 다음으로 장족(티베트)이 많다고 하니 티베트인을 위한 방송 채널이 있는 것도 당연하리라. 중간에 가끔 방송이 중단되기도 하지만, 꽤 재미있다. 노래와 춤, 연속극, 뉴스를 보면서 티베트를 이해하고자 TV 채널을 고정시켜 두었다.

연속극은 중국어 자막이 나오며, 주로 애정물이다. 연속극에 나오는 티베트 여자들을 보니 한족 여자들보다 훨씬 예쁘다. 길이나 사찰 도량에서 만나는 티베트 여자들은 머리를 양쪽으로 길게 따고, 티베트 전통 의상을 입고 있는데 정말 아름답다.

동인은 작은 시골 마을인데, 오둔사吾屯寺와 융무사隆務寺라는 티베트

대마니차를 돌리고 있는 티베트 사람들

대사찰이 두 곳이나 있다. 먼저 융무사를 향해 갔는데, 내가 묵은 숙소에서 20여 분 거리이다. 걸어서 도착하니 어디가 어딘지 알 수가 없다. 일단 문이 있어 들어갔더니 도량 안에 법당이 하나 있고, 신도들이 대마니차(윤장대)를 돌리며 법당 주위를 돌면서 끊임없이 염불을 하고 있다. 다시 그 공간에서 나와 옆으로 가니 대마니차[1]만 있을 뿐이다.

이 융무사는 중국문화재 보호차원에서도 별이 다섯 개인 5성급인데도 불구하고, 중국어나 영어 안내판 하나 없고 티베트어로만 쓰여 있다. 어느 법당에서 참배하고 있는지 알 수도 없다. 신도들도 많이 오는데 법당문은 왜 그렇게 꽁꽁 잠가 놓는지 알 수가 없다. 법당 불사는 서녕의 탑이사에 비해 잘 되어 있건만 주위 곳곳은 쓰레기가 그대로 쌓여 있고, 또 화장실을 제대로 갖추어 놓지 않아 기도하러 오는 신도들이 곳곳에서 볼 일을 보고 있다.

법을 논하고 있는 티베트 승려들

    융무隆務라는 이름을 의역하면 농업구農業區라고 하고, 융무사를 길게 말하면 융무대락법륜주隆務大樂法輪州이다. 융무사는 서녕의 탑이사, 하하의 라플란사拉卜楞寺와 규모나 지위, 티베트불교에 미치는 영향이 크다. 명나라 때 조정에서 이곳에 석가모니 금상을 하사했다고 하는 것으로 보아 사찰이 창건된 시기는 적어도 명나라 이전까지로 생각해 볼 수 있다. 그런 역사를 가진 이곳에 옛날에는 몇천 명의 승려가 있었으나 지금은 700여 명 정도 상주한다. 도량 내부에 익숙하지 않은 이방인이 뱅뱅 돌다 제일 큰 법당 앞을 찾아갔다. 마침 그곳에서는 10여 명의 승려가 모여 체니(법담)를 하고 있었다. 한 승려가 손바닥을 치고 손짓을 취하며 법을 말하면, 다른 승려는 반박을 하는 논쟁이다. 주위에 둘러앉아 있던 승려들은 진지하게 바라보며 간간히 웃기도 한다.

    티베트 사람들은 사찰에서 행하는 기도 방법이 조금 다르다. 한족들이 한 뭉텅이 향을 피우는데 반해, 티베트인들은 버터기름이 담긴 통을

돈을 도량의 사물이나 벽에 붙이기도 한다

티베트인들은 기름공양을 많이 올린다

공양한다. 또한 법당 입구에는 모래를 쌓아둔 그릇이 있는데 그 모래를 뿌리기도 하고, 돈을 도량의 사물이나 벽에 붙이기도 한다. 이들은 모든 사찰 도량을 참배할 뿐만 아니라, 그 큰 절 전체를 돌면서 염불했다. 길은 흙먼지로 가득한데, 오체투지를 하는 몇몇 보살님은 흙먼지를 뒤집어쓰고도 계속 절을 한다. 잠시 멈춰 서서 지켜보고 있으니 보살님이 자기 때문에 길을 못 지나가는 줄 알고, 오체투지를 멈추고 내게 지나가라는 신호를 했다.

  이틀 전에도 보았지만, 똑같은 모습을 보고 감동하는 마음은 어제보다 더 진했다. 솔직히 그렇게도 뵙고 싶었던 돈황 석굴 내부의 부처님과 보살님을 만나, 환희로움은 있었지만 감동은 없었다. 그런데 오체투지하는 보살님을 보는 순간, 가슴은 감동의 물결로 출렁대며 눈물이 날 뻔 했다. 이래서 산 부처가 따로 있는 것이 아니요, 『삼국지』의 "죽은 공명이 산 사마중달을 쫓다."라는 이치인가 보다. 법당 부처님을 친견한 것보다 더 가슴이 뭉클하고 신심을 우러나게 하니 말이다. 어떤 중생인들 불성佛性 없는 존재가 있겠는가!

솔직히 북방사찰을 참배하고자 출발했던 것은, '퇴보된 신심을 어떻게 만회해볼까?' 라는 화두가 담겨 있었다. 수많은 티베트 스님들 모습과 티베트 신자들의 열렬한 신심을 보면서 돈으로도 살 수 없는 환희심을 얻었으니, 이것보다 값진 것이 어디 있으랴.

융무사에서 택시를 타고 20분 정도 거리에 있는 오둔사吾屯寺로 향했다. 동인에서 7km 떨어진 곳에 있는데 어제 차를 타고 가면서 보았던 터라, 느긋하게 그곳을 향했다.

오둔사는 상하上下로 구분되어 상사上寺와 하사下寺로 나뉘어 있다. 하사로 먼저 갔다. 도량 입구에 큰 탑이 8기가 있는데 '해탈팔존불탑解脫八尊佛塔2)' 이라고 한다.

사찰 내의 대경당大經堂, 석가모니전, 미륵전 등의 건축물들은 1703년 청나라 때 창건되었다. 도량 내로 들어섰을 때가 오후 1시 무렵인데, 승려들이 햇빛이 잘드는 곳에 옹기종기 모여 햇빛을 쬐고 있었다. 마침 그들 중에 세 살박이 동자승이 아장아장 재롱을 피우고 있다. 동자승의 승복 입은 자태가 너무 의젓해 보인다. 얼굴이라도 만져 보고 싶은데, 이는 엄연히 계율에 위반되는 일이니 참아야지!

해탈8존불탑(대체로 티베트 사찰 입구에는 8기의 탑이 모셔져 있다)

　대경당만 들어갈 수 있었는데, 안에서는 70여 명의 승려가 염불을 하고 있었다. 법당 내부 사방을 돌며 부처님, 보살상, 경전에 절하면서 곁눈으로 보니 5~6살 먹은 동자에서 10대 초반의 승려 20여 명이 함께 있다. '도대체 저 어린 스님들은 무슨 생각을 하며 염불할까?' 잠시 쓸데없는 망상을 했다.
　마침 한 스님과 잠시 대화를 나눌 수 있었다. 법당 주변에 집들이 많이 있는데 모두 승려들의 요사채다. 이 승려도 자신의 집이 있는데, 마당까지 합쳐 15평 정도라고 한다. 스님은 20살로 8살 때 엄마 손에 이끌려 절에 들어왔다고 한다. 학교는 다니지 않았고, 현재 화가 승려로서 탱화를 그리며 그림을 배운다고 하였다. 당연히 한자는 모르고 중국어도 말하는 정도라고 했다.

육사윤회도 1(라플란사 벽화)

육사윤회도 3(옹무사 벽화)

육사윤회도 2(오둔사벽화)

　원래 오둔사는 티베트 예술 전통의 명맥을 잇는 곳으로 알려져 있다. 그래서 이곳 승려들은 탱화나 천궁도天宮圖(출생도)를 그리거나 조각하는 승려가 많다. 젊은 스님과 20분 정도 대화를 나눈 뒤, 하사를 나와 20여 분 정도를 걸어 오둔상사로 향했다.

　오둔상사는 승려가 170여 명, 상사는 150명 정도라고 하는데, 사찰 내부로 들어서니 도량이 너무 조용하다. 한참 후에 법당 앞에서 스님 한 분을 만나, 스님 안내로 중심 법당인 대경당에 들어갔다. 하사에서도 느꼈지만, 중국 법당은 대부분이 어둡다. 승려들이 경전을 읽거나 염불하는 방석이 중간에 놓여 있고, 다른 사찰과 마찬가지로 사방에 불상과 탱화, 경전이 안치되어 있다. 대경당 출입하는 문 위에 청나라 때 탱화가 있어 전등으로 비쳐보니 방금 그린 듯하다. 스님이 양해를 해 주어서 사진 몇 장을 찍었다.

이 스님도 탱화를 그리는데, 작업실을 보여 주겠다고 해서 따라갔다. 스님은 부모님이 동인에 살고 있고, 10살 때 출가해서 현재는 35세라고 했다. 한 달 전에 어떤 미국인이 이곳까지 찾아와서 직접 그린 탱화를 가져갔으며, 스님께 고맙다는 편지를 보낸 모양이다. 번역을 해달라고 하기에 해 주었는데, 간단한 인사가 주 내용이다. 이곳 승려들은 일반적 교육을 전혀 받지 않은 터라 간단한 영어 단어도 읽지 못한다.

내가 만난 티베트 승려와 티베트인들은 한자를 제대로 쓰거나 읽지 못하는 이들이 많았다. 티베트의 독립을 위해서는 교육이 중요하건만, 교육 체계가 전혀 잡혀 있지 않은 것 같아 안타까울 따름이다. 젊은이들에게 교육이 주어지지 않으면 독립의 절실함도 사라질 뿐만 아니라, 한족사회에서 하층민으로 남을 수밖에 없기 때문이다.

작업실로 들어서서 보니, 승려로서 부처님 그리는 재주도 정말 대단하다. "그림들을 다 어떻게 하느냐?"고 물었더니, 외국이나 국내에서 탱화를 주문하거나 직접 사러 온다고 했다. 값을 물어보니 1500원(한국돈 20만원)이라고 한다. 옆집의 화가 스님 그림도 함께 보면서 경탄에 경탄을 금치 못했다.

오둔하사 입구

　오둔상사를 나와 가만히 생각하니 하사 도량을 미처 살펴보지 못한 곳이 있어 다시 들렀다. 대경당에 들어간 시간이 오후 3시였는데, 2시간 전부터 염불하던 승려들이 계속해서 염불하고 있었다. 이번에는 황제들이 쓰는 모자 같은 것을 썼다 벗었다 하는 의례를 하면서. 어린 승려들은 지루하던 차에 이방인이 들어가니 일제히 나를 쳐다보느라 눈길을 떼지 못한다.

　다음 목적지는 감숙성 하하夏河인데, 동인에서 직접 가는 차가 하루에 한 차례 아침 8시뿐이다. 덕분에 오늘 오후는 시간이 많이 남았다. 늘 시간을 꽉 채워 다니다 시간 여유가 생기니 나그네의 고독감이 밀려온다. 마침 동인이 시골이고 티베트인이 많이 사는 곳인지라 시장으로 향했다.

다른 곳에서도 보았지만, 이 시장도 식품위생이 무방비 상태다. 방금 잡은 고기를 길바닥에 얇은 비닐 한 장을 깔고 그 위에 놓고 팔기도 하고, 차가 그렇게 많이 다니는데도 길가에 매달아 놓고 판다. 물론 타 지방에서도 여러 번 보았기 때문에 새삼스러울 것은 없지만, 축생으로 태어난 불쌍한 중생들이 죽어서도 저런 대접을 받고 있으니….

이곳에서는 목도리용 족제비털이나 짐승 가죽을 많이 판다. 죽은 지 얼마 안 된 짐승에게서 가죽을 벗겼는지, 피까지 묻어 있는 그대로인 짐승 가죽도 있었다. 한국에서는 활동하기 편하다는 핑계로 가죽신발을 신었는데 정말 저런 불쌍한 중생의 몸이었다니, 참회할 일이로다.

"나무 아미타불"

▶▶오늘의 행보 : 융무사 → 오둔하사 → 오둔상사 → 시골시장

주)
1) 마니차는 크고 작은 여러 형태가 있다. 위 문장에서는 우리 나라 말로 '윤장대'라고 하면 적합할 것 같다. 방대한 경전의 가르침을 평생 공부해도 다 할 수 없는데, 마니차를 돌림으로써 수많은 경전을 다 공부한 것이나 다름없다고 하는 데서 유래되었다. 티베트 승려나 불자들에게 있어 긴요한 수행법이다.
2) 8기의 탑은 티베트의 어느 사찰이나 입구에 있다. 오둔하사 8존탑 각각마다 이름을 붙여 놓았는데, 신변神變·승리·취연聚蓮·천항天降·길상다문吉祥多門·보리·화해·열반이다.

대마니차

# 많은 부처님이 계시는 곳

간쑤성 하하 | 라플란사

중국 오기 전에 약간의 색깔이 있는 걸로 피로를 덜 느끼는 안경을 하나 맞췄다. 하루 종일 여행할 경우는 그 안경으로 바꿔 쓰곤 한다. 안경 2개를 가지고 바꾸어 쓰기 때문에 귀찮아서 한쪽 다리만 걸치게 한뒤, 가방 옆 주머니에 넣고 다닌다.

정오 무렵 색안경으로 바꿔 쓰려고 보니 흔적도 없이 사라졌다. 10분 전에 상점에서 물건 살 때 지갑을 꺼내면서 보았던 안경이 10분 만에 사라진 것이다. 상점에서 나와 10분 정도를 걸었다. 몇 사람을 스쳐지났을 뿐인데, 귀신이 곡할 노릇이다. 다시 왔던 길을 가보았지만 허사다. 그래서 찾는 것을 포기하기로 했다. 그것이 빠질 만큼 가방 주머니가 허술하지 않기 때문이다.

평소에 메모하는 습관이 있어 가방에다 볼펜을 꽂아가지고 다닌다. 한국에서 가지고 온 것인데, 벌써 몇 개나 잃어 버렸다. 잃어버린 사람이 잘못이지만, 그만큼 중국인의 삶이 힘겨움을 엿볼 수 있다.

중국은 중고 핸드폰을 많이 파는데 그 물건들도 제대로 유통경로를 거치는 것이 아니다. 주머니에 넣은 핸드폰을 유실하는 경우가 허다하다. 주위의 한국인들이 내게 이점을 가끔 상기시키곤 했다. 또한 이곳에서는 가방을 등 뒤에 메고 다니면 안 되는 것이 관습법처럼 되어 있다. 버스 안에서 중국인들이 염려해 주는 경우도 있었다.

청해성 동인同仁에서 감숙성 하하夏河로 가기 위해 오전 8시에 버스를 탔다. 하루 한 번 운행하는 버스라 만원이다. 그런데 의자에 앉으니 무릎이 앞 의자에 닿을 만큼 의자와 의자 사이 간격이 너무 좁아서 숨이

막힐 지경이다. 게다가 가는 내내 도로 공사가 되어 있지 않아 엉덩이가 가만히 있지를 못한다. 이런 와중에도 창밖을 바라보니, 작은 언덕배기가 듬성듬성 있고 넓고 넓은 초원이 펼쳐져 있다. 겨울이라서 초원이라는 표현이 어울리지는 않지만 4시간을 가는 내내 드넓은 들판에 양떼가 풀을 뜯고 목동이 지키고 있는 모습을 보니, 중국 풍경의 또 다른 묘미를 느낄 수 있었다. 지난번 서녕西寧에서 동인同仁갈 때 창밖을 통해 보았던 그 장엄한 풍경을 '기쁨'에 비한다면, 이곳 풍경은 '평화로움'에 비하고 싶다.

티베트 불교 종단은 형성된 시기에 따라 크게 4개파로 나뉜다.

첫째 닝마nyingma파로, 8세기 인도불교를 티베트에 전한 파드마 삼바바로부터 시작됐다. 붉은 가사와 모자를 사용한다고 하여 홍모紅帽파라고 불리운다. 닝마파는 결혼이 가능하고 승려가 신비주의나 주술을 많이 행하는 것으로 알려져 있다. 지도자는 몇 년 전에 두 살배기 어린 스님이 7대 린포체로 즉위하였다.

둘째 카규kagyud파로, 11세기 이후 번역된 경전을 중심으로 여러 종파가 형성됐다. 마르빠에 의해 11세기에 만들어져 인도 밀교 전통에 뿌리를 두고 있으며 사찰을 흰색으로 칠하고 흰색 옷을 입어 백교白教라고 부른다. 그 지도자인 카르마파는 '살아 있는 부처'로 받들어지고 있다. 17대 카르마파는 몇 년 전 15세의 나이로 망명하여 현재 인도에 산다.

셋째 사캬sakya파로, 쬔축 갤뽀에 의해 형성되었다. 11세기 후반 티베트 남서부 사캬지방에서 성립되었으며, 12~13세기에는 5명의 고승을 배출하였다. 13세기 중반 몽골 황제의 영향을 받아 사캬파 지도자가 왕으로 임명되었으며, 사캬파 지도자 역시 인도에 망명 중이다.

넷째 겔룩Gelugs 황모黃帽파로, 14세기말 종카파Tsong Khapa(1357~1419년)에 의해 창시되었으며, 현 인도에 망명 중인 14대 달라이 라마 종단이다. 현재 라사의 주요 사찰들이 겔룩파이다. 당시 종카파와 그의 제자들은 많은 사찰을 세웠고, 가르침과 엄격한 계율을 강조했다. 마침내 겔룩파가 종교적, 정치적으로 가장 강력한 종파로 성장했다. 17세기부터 달라이 라마Dalai lama가 티베트의 정치와 종교를 관장하는 지도자가 됐다.

교통이 불편한 감숙성 하하夏河에 온 것은 현 인도에 망명 중인 달라이 라마 종단인 겔룩파의 큰 사원이 여기 있기 때문이다. 디푼사(라싸), 세라사(라싸), 간덴사(라싸), 타시룬포사(시가체), 며칠 전에 참배했던 시닝의 타르사(탑이사, 청해성 서녕)와 여기 라플란사拉卜楞寺는 티베트 불교 6대 사원 중 하나다.

라플란사라는 의미는 티베트어로 의역을 하면 '많은 부처님이 계시는 곳'이라는 뜻이다. 청나라 때인 1709년에 창건되어 현재 승려가 1800여 명 상주하고 있으며, 법당 주위는 스님들의 요사채로 둘러싸여 한 마을을 이루고 있다.

사찰 내에는 미륵불전, 석가모니불전, 사자후불전 등 전각들이 셀 수 없을 정도로 많다. 또한 6대 학원이 있는데 그 학원마다 경당經堂을 가지

라플란사

고 있으니, 정확한 숫자는 알 수가 없다. 마을 전체가 사원군이라고 생각하면 될 것이다. 건축 형식은 전형적인 티베트 건물이 있는가 하면, 중국 한족 건축물이 있기도 하고, 한족과 티베트 혼합양식까지 있다.

　라플란사는 많은 신도들이 멀리서부터 참배하러 올 정도로 도량 규모가 엄청나다. 한국으로 치면 승려가 교육받는 강원과 비슷한데, 감숙성에 미치는 영향 또한 크고, 불교 학자를 많이 배출한 곳이라고 한다.

　우선 사찰의 중심인 대경당으로 갔다. 그런데 대경당 앞 마당에 사방 50미터 정도로 아무렇게나 벗어던진 신발이 몇백 켤레는 족히 되어 보였다. '신발을 말리는 것인가?' 싶었는데, 그것도 아닌 것 같았다. 마침 신도들이 몰려 들어가기에 함께 들어갔다. 그런데 놀랍게도 대경당 안에는 스님들이 500여 명 정도 앉아서 염불을 하고 있었다. 정말 '절

대경당 앞에 벗어놓은 스님의 신발들

집에는 승려가 많아야 장엄'이라고 하더니, 그 많은 스님들을 보는 순간 환희심이 우러났다.

대경당을 나올 무렵, 마침 잠시 쉬는 시간인지 나이차奶茶를 마시면서 서로 웃고 대화를 나눈다. 그런 와중에 대경당 밖으로 나가는 스님들은 맨발로 다녔다. 며칠 전 티베트 스님이 법당 앞에서 오체투지하는 것을 보았는데 맨발인 채였다. 참으로 강인한 티베트 스님들이다. 아무리 티베트가 중국의 패권주의에 굴복당했다고는 하지만 어찌 그들의 영혼을 어찌 파괴할 수 있으랴!

마당 앞에 던져진 그 신발들은 스님들이 법당 들어가기 전에 벗어놓은 것이었다. 나중에 그 사실을 알고 속으로 한참을 웃었다.

운문사 강원 학인 시절, 스님들이 신발을 벗어 놓는 자리에 각자의 번호가 있었다. 그 번호에 맞게 벗어 놓아야 하고, 삐뚤어지게 벗어놓았다가 입승에게 발각되면 경책을 당하곤 했다.

오대산 법우사 스님들이 벗어놓은 신발들

　이는 조고각하照顧脚下라고 하여 "잠시라도 한눈팔지 말고 자신을 늘 살피라."는 경각심을 일깨워 일상생활 속에서도 화두를 놓지 말 것을 강조하는 것이다. 대경당 앞에 벗어 놓은 어지러운 신발을 보니 옛날 생각이 났다.

　라플란사 승려들은 겨울에 가사 위에 연분홍색의 승복을 걸쳐 입는다. 참으로 색깔이 예쁘게 보인다. 티베트 승려들은 안에 입는 티나 신발까지 붉은 색을 입고 신었다. 아마 한국 승려가 저런 붉은 색이나 연분홍색 옷을 입고 다니면 큰일날 일이다.

　또 티베트 승려들은 육식을 금하지 않는다. 북방불교의 승려가 육식을 금하는 것과는 완전히 다르다. 똑같이 석가모니부처님을 교주로 하고 같은 수행자로 살아가면서도, 그 나라의 체제에 따라 의궤나 수행방식이 다르고 승려 규율이 많이 다르다.

　티베트인들은 길을 가다 모자가 벗겨지면 절대로 그 모자를 다시 주어 쓰지 않는다고 한다. 모자를 주우면 불행을 불러들인다는 것이다. 또한 길을 가다 낡아 떨어진 신발을 발견하면 길조吉兆라 생각하고, 그 신발을 주어 신어보고 심지어 자기 머리에 얹는 풍습이 있다. 한국인

도량에서 놀고 있는 동자승

들은 모자는 주어도 떨어진 신발은 쳐다보지도 않을 터인데, 완전히 그 반대다.

그러니 무엇을 가지고 '이것이 정말 법法이다'라고 할 것인가? 그 나라의 문화와 전통 속에서 자리잡은 불교이므로 나라마다 조금씩 다름을 인정해야 하리라. 그러니 주관적인 자기 견해를 가지고 객관적인 것으로 착각하고 타국의 불교를 비판하거나 과소평가해서는 안 될 일이다. 인간관계에서도 마찬가지이리라.

정오 무렵 사찰 정문에 들어섰을 때, 날씨가 너무 좋아 복 받은 날이거니 했다. 그런데 오후 3시 무렵부터 모래바람이 불어 닥치기 시작했

단체로 순례온 가족들

다. 마침 수복사壽福寺 안으로 들어갔다. 들어간 김에 바람도 피할 겸 잠시 머물다 갈 생각이었다. 수복사는 수명과 복을 준다는 이름 때문인지, 수많은 신도들이 그곳에서 오체투지를 하며 법당을 돌았다. 법당을 도는 모습이 마치 군인들이 행진하는 것처럼 얼마나 씩씩하던지, 보는 이까지 기분이 좋다. 그들과 함께 합류하여 법당을 돌고 있는데 한 거사님이 내가 가지고 있는 염주를 탐냈다. 그러면서 자기 염주와 바꾸자는 것이다. 그런 신심 있는 사람에게는 기꺼이 그냥 줄 수도 있어 주었더니 오랫동안 지닌 자기 염주를 내게 건네 주었다.

어떤 사람은 일 년 중 초파일에만 절에 가면서 불자佛子라고 한다. 여기서 조금 신심 있는 사람은 1년에 초파일, 백중, 칠석, 동짓날, 4번 간다. 그러면서 자식이 대학에 못 들어가고, 일이 조금 풀리지 않으면 부처님 원망을 얼마나 하는지 모른다. 이 말을 듣고 개중에는 웃는 이들도 있을 것이다. 하지만 다양한 부류의 불자들을 만나보았는지라, 그런 사람들이 생각보다 정말 많다는 사실이다.

이곳 티베트 사람들은 기도가 아예 밥 먹는 일처럼 되어 있다. 책을 통해서 알고는 있었지만, 그들의 신심을 직접 목격하고 보니 알고 있었던 것보다 훨씬 대단해 보인다.

마지막으로 비구니 사찰인 홍교사弘敎寺로 향했다. 가는 내내 스님들의 요사채와 많은 경당을 지나가야 하는데, 며칠 전 동인의 융무사에서처럼 대소변이 길 전체에 수놓아져 있다. 융무사보다는 사찰 질서가 잘 잡혀 있는 듯하지만, 화장실 부재不在는 여기도 마찬가지이다. 또한 홍교사 가는 내내 팻말 하나 없고, "비구니 도량이 어디 있느냐?"고 물어도 제대로 아는 이가 없었다. 겨우 찾아가 사찰 입구에 들어서니 법당 하나만 있을 뿐, 비구니 스님들의 발자취를 찾기는 어려웠다.

병령사 석굴

# 석굴에 드러난 예술적 기량
## 감숙성 난주 | 백탑사, 병령사 석굴

하하夏河에서 난주蘭州까지 주행 시간이 무려 6시간이나 걸린다고 한다. 아침 7시에 버스를 탔는데, 영하 15도 정도인데도 난방조차 해 주지 않는다.

하하에서 난주로 가는 길녘에 티베트 사찰과 탑이 자주 눈에 띄었다. 하하에서도 보았지만 어떤 집 앞에는 사찰처럼 긴 장대에 룽다가 휘날렸다. 천조각에 부처님 말씀이나 진언이 쓰여 있는데, 허공에 날려서 이 중생세계가 부처님 세상과 같은 극락이 되길 염원하는 것이다.

참으로 불심이 깊은 티베트인들이다. 그런데 임하臨河에 들어서면서부터 회족回族이 많이 눈에 띄었다. 거기다가 임하에서 난주까지 가는 2시간 내내 보이는 것은 이슬람 사원이다. 아마도 몇 집 건너 이슬람 사원이 있다고 해도 과장이 아닐 것이다.

회교도들은 중동지역 부족의 후손들로, 몇백 년 전 그들의 선조가 상인으로 이곳에 건너왔다가 중국 여인들과 결혼해 정착하게 되었다. 현재 신장자치구 뿐만 아니라 중국 전역에 회교도들이 산다. 이들은 종교적인 신념으로 똘똘 뭉쳐 있다고 생각된다.

청나라 말기 서태후가 정권을 잡고 있을 때도 운남성雲南省이나 섬서성陝西省의 회교도들은 분리 독립을 위해 몇 번의 반란을 일으켰다. 현재도 신장자치구의 회교도들은 중국으로부터 독립하고자 테러까지 행하고 있다.

중국에 오기 전에는 이슬람교도가 신장에만 있는 줄 알았다. 북경을 비롯해 중국 본토에 이렇게 많은 회교도가 있는 줄 몰랐다. 그래서 직

백탑산에서 바라본 황하와 중산교

접 보고 느껴야 하나보다.

　난주는 감숙성의 성도이며, 그 옛날 당나라 때 서안에서 출발해 서역으로 향하는 요충지였다. 이 난주에 도착하자마자 숙소를 정하고 잠시 쉬었다. 6시간이 넘도록 추위에 떨은 데다가, 도로가 제대로 정비되어 있지 않아 온몸이 흔들려 왔기 때문이다.

　나는 계절 가운데 겨울을 좋아한다. 푸른 이파리를 벗어던진 앙상한 나무들을 보면 가식을 벗어던진 인간의 진실을 보는 것 같아서다. 그런데 이번 겨울 여행을 통해서 '추위' 라는 이름이 얼마나 사람을 힘들게 하는지, 겨울이 정말 싫어졌다.


　오후 3시 무렵 중산교中山橋로 향했다. 중산교는 황하黃河 위에 놓인 다리로서 난주 중심에 있다. 세계 4대 문명의 발생지인 황하를 직접 보고 싶었다. 난주는 청해성에서 시작되는 황하가 처음으로 통과하는 대

백탑사 · 병령사 석굴 127

도시이다. 황하 위에 놓인 중산교를 건너면 백탑산白塔山이 보인다. 백탑산은 백탑白塔이 있는 백탑사에서 유래되어 백탑산이라고 한다. 백탑은 원나라 때인 1228년에 창건되었는데, 높이 17미터의 8각 7층 탑으로 각 면마다 불상이 새겨져 있다.

징기스칸은 티베트에서 파견되어 온 살가파薩迦派 승려가 난주에 도착해서 병으로 열반에 들자, 그의 공덕을 기리기 위해 이곳에 탑을 세웠다. 며칠 전 참배했던 감숙성 무위武威에 있는 해장사도 티베트의 살가파 승려가 세운 라마사원이었다.

또한 12세기 원나라 세조는 티베트 승려를 국사로 삼았고, 티베트 경전과 한역 경전의 비교 연구서인 『지원법보감동총록至元法寶勘同總錄』을 완성시키기도 했다. 당시 몽골은 티베트불교의 영향을 많이 받았다고 볼 수 있다. 잠깐 원나라 지배를 받았던 고려사회도 라마교의 폐단이 있었다. 현재 티베트불교의 본산이라고 할 수 있는 북경의 옹화궁은 승려가 120여 명 상주하는데, 이들 중 90여 명 정도가 몽골족이고 30여 명 정도가 티베트 사람이다.

백탑사는 산을 배경으로 난주 시민들의 휴식터인 백탑산 공원 안에 있다. 공원 안에 들어서서 백탑사를 향해 걸었다. 20여 분 정도 걸으니 백탑사 못 미쳐 법우사라는 사찰이 나온다. 이 사찰은 원래 있었던 절에다 새로 불사를 한 지 얼마 되지 않았는지 깨끗한 불상에 법당이 새 건축물이다. 7일간 기도를 한다고 문 입구에 쓰여 있다. 법당 아래층 염불당에서는 50여 명의 신도들이 "나무아미타불"을 염하고 있다.

1시간 넘게 백탑산을 한 바퀴 돌아보고 난 뒤, 중산교쪽으로 내려와 시내를 걸었다. 크리스마스 때가 가까워졌다고 어느 백화점 앞에서는 캐롤이 울려 퍼지고 산타크로스와 트리까지 설치해 놓았다. 사회주의 국가 북방에도 예수님의 손길이 뻗쳐 있었다.

전날 다니면서 너무 추위에 떨어 조금 나은 곳으로 숙소를 옮겼는데, 아침 식사를 무료로 할 수 있었다. 식당에서 밥을 먹는데 익숙한 음악이 들렸다. 뮤직비디오를 틀어 놓았는데, 전에 텔레비전에서 방영했던 대장금의 여주인공 모습을 담은 대장금 주제음악이 흘러나오고 있었다. 한참 나온 뒤 다른 음악으로 바뀌면서 한복을 입은 여인의 모습이 담긴 영상음악이 계속 나오고 있었다. 중국에서는 대장금 열풍으로 인해 한국 음식점과 옷가게까지 성행하고, 대장금 주제곡으로 핸드폰 선전을 하며, 대장금과 관련된 오락프로그램까지 생겼다. 중국의 어느 여가수는 대장금 주제음악을 '희망希望'이라는 제목으로 바꾸어 부르는데 인기가 대단하단다.

또 며칠 전 식당에서 한국술 선전 광고를 보았다. 한복을 곱게 차려 입은 여인이 술병을 들고 있는데 그 병에 한이슬韓露이라고 쓰여 있다. 이름 아래 '한국에서 제일 잘 나가는 술[韓國 第一 酒業 出品]'이라는 설명이 붙어 있다. 아무래도 맞지 않는 말 같은데, 그것이 중요한 게 아니다. 변방에 가까운 중국땅 북방에서 내 조국의 발전된 모습을 볼 수 있다는 것만으로도 가슴 벅찬 일이다. 어쨌든 혼자 하는 식사 치고는 꽤 즐거

병령사 석굴 들어가기 전 풍경

운 조찬이다.

　난주에 온 첫째 목적은 병령사炳靈寺 석굴을 보기 위함이다. 오전 10시 무렵 난주 서부 버스터미널로 향했다. 병령사행 차표를 달라고 하니, "외국인이냐?"고 묻는다. "그렇다."고 했더니 한 직원이 사무실로 들어오라고 문까지 열어 주었다. "외국인이 병령사를 갈 경우, 병령사행보험을 들어야 한다."는 것이다. 이 나라는 보험도 가지가지이다. 이전에 들어놓은 것을 보여 주며 안 들겠다고 했더니, 법으로 정해져 있으니 무조건 들어야 한다는 것이다. 할 수 없이 당일 보험 20원(한국돈 2,600원)을 지급했더니, 작성란에 버스표 좌석번호까지 적는다.

　류가협劉家峽행 버스를 타니, 마침 버스 안에는 날씨가 추워서인지 승객이 없었다. 차가 출발해서 난주 시내를 빠져나가기까지 2시간을 20km로 달렸다. 손님을 태우기 위해 천천히 가는 것이다. 정확히 알 수는 없으나 버스 회사가 개인사업자인지 지나치게 손님 태우기에 열

병령사 석굴

을 낸다. 1시간 반 거리를 3시간이나 걸려 병령사 앞에서 내렸다.

　병령사는 난주에서 대략 80킬로미터 거리인데, 중국 최대의 발전소인 류자협劉家峽댐 상류에 있다. 병령사 석굴은 황하의 맑고 깨끗한 물과 주위의 아름다운 경관이 불상의 미소와 어울려 북방 최고의 불교유적지라고 해도 과언이 아니다.

　선착장에 도착해서 뱃삯을 물으니 터무니없이 비싸다. 순간적으로 가지 않을까도 생각했지만, 그럴 수는 없었다. 일단 흥정을 시작해서 깎을 만큼 깎은 뒤에 배에 올라탔다. 몇 년 전 양자강 상류에 위치한 삼협三峽을 배로 여행한 적이 있는데, 그곳에 뒤지지 않을 정도로 주위 풍경이 매우 아름답다. 쾌속정으로 달리는 배편으로 1시간이 소요되었다.

　그 섬에 도착하니 무슨 건물인지 공사가 한창이었다. 입구에서 15분 정도 걸어 들어가니 석굴이 시작되었다. 그런데 가만히 석굴을 보니 참

병령사 석굴 내부

으로 안타까운 생각이 든다. 이 석굴은 돈황 막고굴에 버금가는 소중한 불교문화유산이건만 아무렇게나 방치해 놓고, 석굴에 대해 설명해 놓은 안내문조차 반듯하지 못하다. 손으로 휘갈겨 써서 붙여 놓은 정도여서 글씨를 알아보기도 힘들었다. 현대식 건물은 반듯하게 지으면서 문화재 보존을 제대로 하지 않는 현실이 안타까웠다.

그런데 묘한 것은 다른 곳에 비해 석굴의 불상이 거의 훼손되지 않았다는 점이다. 어찌보면 돈황석굴보다 더 아름답고 색깔이 선명하여 보는 이로 하여금 신심이 절로 나게 하였다.

옛날 병령사는 상사上寺와 하사下寺로 구분되어 있었다. 당나라 때는 용흥사龍興寺 또는 영암사靈岩寺라고 불리다가 송나라 때부터 현재 이름인 병령사로 불렸다.

석굴은 북위, 서위, 북주, 수, 당, 송, 서하, 원, 명, 청나라 말기까지 만들어 졌으니, 거의 1500여 년의 세월을 걸쳐 불상 조각과 벽화가 그려진 셈이다.

8비관음

깎아지른 절벽 위에 184개의 크고 작은 석굴이 조성되어 있다.

석굴 내부는 불상이나 보살상만 있는 경우, 석벽에 그려진 탱화만 있는 경우, 부처님과 십대제자 및 보살상, 부처님 설법 장면, 탑 등 다양하다.

당나라 때의 석굴이 제일 많았는데, 당대의 화려하고 거침없는 예술적 기량을 마음껏 뽐내고 있음이 역력하다. 한편 당나라 이전의 불상도 세월이 무색할 만큼 색깔이 선명하고, 바로 앞에서 부처님이 제자들과 함께 법담을 주고받는 듯해 환희심이 솟는다.

석굴 중 169굴의 부처님 설법 장면에 서진건홍西秦建弘(420년)이라고 쓰여 있는데, 중국의 석굴 중에서 제일 오래된 것으로 여겨지며, 불상과 벽화도 귀중하다. 또한 병령사의 수호신처럼 보이는 불상은 높이

석가모니부처님을 중심으로
가섭과 아난존자, 문수와 보현보살

부처님을 중심으로 보살과 제자들
역사상의 모습이 선명하다

27미터로 가장 크다. 부처님이 의자에 걸터앉은 형상을 취하고 있는데, 자식 많은 집 큰아들처럼 믿음직스럽고 충실해 보이는 인상이다.

북방쪽의 사찰은 석굴이 참 많다. 여러 곳의 석굴을 탐방하면서 게을리 살아온 내 자신을 참회했다. 정말 앞으로 '열심히 수행해야겠다.' 는 다짐도 해본다. 1000여 년의 세월에 걸친 석굴 조성처럼, 성불이 어찌 한생에 되랴. 이번 생에 부족하면 적어도 몇 생을 거듭해서라도 수행해야 한다는 굳은 의지를 마음에 새겨본다.

▶▶이틀간의 행보 : 중산교 → 백탑산 → 병령사

병령사 석굴에 모셔진 가장 큰 불상

백마사 입구

# 하남성 (허난성 河南省)

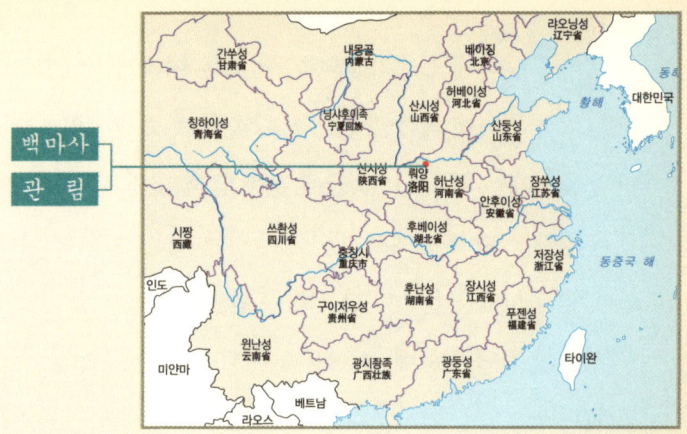

# 낙양성 십리하에
하남성 낙양 | 백마사, 관림

중국에 불교가 전파된 경로는 여러 설이 있지만, 역사적인 전거에 의하면 후한의 효명제(58~75년 재위) 때라고 한다. 후한의 효명제는 어느 날 밤 꿈에 온통 금색 빛의 사람이 나타나 정수리에서 광채가 나고 몸에서 빛이 방광하는 것을 보았다. 이에 왕은 신하들에게 그 사연을 물으니 한 신하가 답했다.

"서방에 신이 있는데 그 이름을 부처라 하고 그 형상이 장대長大하다고 합니다."

이에 황제는 "경전과 승려를 모셔 오라."고 10여 명의 사신을 인도로 보냈다. 사신들은 불경을 구하러 가는 도중, 서역지방(대월지국)에서 백마白馬에 불상과 경전을 싣고 오던 가섭마등迦葉摩騰과 축법난竺法蘭을 만나 함께 중국으로 돌아왔다. 얼마 안 되어 경전과 사람을 태우고 왔던 백마가 지쳐 죽었다. 이에 황제는 낙양문 밖에다 백마의 공덕을 기리는 백마사白馬寺를 짓고, 이곳에 두 승려를 살게 하고 경전을 번역하게 했는데 그 경전이 《42장경四十二章經》이다.

《42장경》은 중국에서 번역된 최초의 경전이요, 백마사白馬寺는 중국에 세워진 최초의 불교 사원이다. 필자는 인터넷 불교TV에서 《42장경》 강의를 녹화한 적이 있고, 그 이전에도 두어 번 강의를 한 적이 있어서 《42장경》에 대해서는 남다른 애착을 가지고 있다.

절 도량에 들어서자 천왕문 입구 양쪽에 백마가 서 있고, 이곳에서 번역에 힘썼던 가섭마등과 축법란의 묘탑이 동·서 양쪽에 배치되어 있다.

백마사 도량에 있는 연못

　백마사는 당·송나라 때에는 선종사찰이었으나 현재는 정토종 사찰로서 승려가 90여 명 상주하고 있다.

　대웅전은 청나라 때 건물이라고 하는데, 법당 내에 석가모니불을 중심으로 약사불과 아미타불이 모셔져 있고, 좌우 양측에는 원나라와 명나라 때 조성된 18나한이 모셔져 있다. 불사를 하지 않은 상태 그대로인데, 이제까지의 법당 내부에서 볼 수 없었던 2층 형식으로 단이 꾸며져 있다. 특이한데 그윽한 정취를 풍기는 듯해 한참을 서서 바라보았다.(중국에서는 문화재가 있는 법당은 내부에 들어갈 수 없고 밖에서 예를 올리도록 하는 곳도 많다)

　절 도량 내 모란 밭에서는 모란이 벌써 지고 있었다. 낙양에서는 4월 15일~25일 사이에 모란축제가 있는데, 꽃이 많이 진 상태였다.(모란은 부귀를 상징하기도 하는데, 낙양시를 상징하는 꽃이다) 이상하게도 모란을

축법란

가섭마등

볼 때마다 '아웃사이더outsider'라는 단어가 먼저 떠오른다. 사회에서 원하는 엘리트가 아닌 자유와 방종을 추구하는 히피니즘 같은 이미지다. 늘 완벽한 수행자 모습을 추구하지만, 어느 한편으로는 모란 이미지처럼 구속받지 않는 방랑자를 꿈꾸기도 한다. 아마 인간은 영원한 이중인격자요, 자신을 완전한 인간으로 정립시키고자 노력하면서도 끊임없이 떠도는 이방인일지도 모른다.

도량 가장 뒷부분에 배치된 당우는 비로각인데, 이곳은 가섭마등과 축법란이 경전을 번역한 장소라고 한다. 비로각을 중심으로 오른편 축법란전 당우에는 축법란의 청동상이, 왼쪽 섭마등전에는 가섭마등의 상이 모셔져 있다. 또한 곳곳마다 금·원·명·청대의 비각이 있다.

절에서 나오면 왼쪽으로 300여 미터 떨어진 곳에 제운탑齊雲塔이 보

관림

인다. '구름을 뚫고 하늘로 치솟는 높은 탑'이라는 뜻인데, 당나라 말기 오대에 건립된 목조 13층 탑이다. 송나라 때 전쟁 중에 피해를 입어 금나라 때에 4각 13층, 35미터의 전탑으로 다시 조성되었다.

 절에서 나와 관림關林으로 갔다. 관림은 삼국시대 촉나라 때의 명장 관우關羽(?~219년)의 묘지이다. 관우는 오나라 장군 여몽과의 싸움에서 패해 죽는다. 오나라 황제 손권은 촉나라 유비의 복수를 피하고자 조조에게 관우의 목을 보냈다. 이를 눈치 챈 조조가 장례식을 성대히 치러 주고 목을 묻어 주었다. 바로 이곳이 관림이다.

관우를 중심으로 아들 관평과 부하 마속장관

중국에서는 묘墓 위에 총塚, 총 위에 능陵, 능 위에 다시 왕릉王陵, 왕릉 위에 황릉皇陵, 황릉 위에 '림林'이라고 붙인다. 관우가 얼마나 중국인들에게 사랑을 받는지는 이 묘지 이름을 관림이라고 붙인 데서도 잘 알 수 있다.

관림에 들어서니 어느 황제 묘 못지 않게 관광지로 잘 꾸며져 있다. 중국인은 물론, 관광객의 발길이 끊이지 않는 곳이다. 당우에는 관우상만을 모셔 놓은 곳도 있고, 어느 당우에는 관우상 옆에 아들 관평과 부하 장군 마속이 좌우보처로 서 있다. 배전拜殿, 이전二殿, 삼전三殿의 당우를 지나 제일 안쪽에 관우의 목이 묻혔다는 릉이 있다. 중국인들은 유학의 대가인 공자보다 관우를 더 좋아한다.

『삼국지』에서 유비와 관우, 장비 세 사람은 복숭아 밭에서 "태어나기는 제각각이지만, 죽을 때는 함께 죽자."는 도원결의桃園結義를 맺는다. 『삼국지』뿐만 아니라, 중국 고사를 보면 이 세 사람의 우정을 제일로 여긴다. 유비는 관우가 죽자, 슬픔이 너무 깊어 마음 병을 앓을 정도였고, 관우의 한을 풀고자 군사를 일으켰건만 오나라에 계속 패배한다. 이런 와중에 장비가 또 부하에게 죽음을 당했다. 유비는 두 아우를 그리며 결국 백제성에서 죽어간다. 이렇게 세 사람의 우정을 제일로 치지만, 관우와 조조의 우정 또한 그에 못지않다. 조조는 관우의 장군다움과 신의를 존경했고, 그로부터 도움도 받았다.

조조는 관우의 장례를 성대히 치러 주고도 관우의 환영에 시달렸다. 결국 조조가 병이 깊어 죽게 되자, 그의 아들 조비가 한나라 왕실을 멸하고 스스로 황제가 되어 수도를 허창에서 낙양으로 천도했다.

조조가 머물렀던 곳은 서안과 허창, 낙양 등 몇 곳인데 조조는 그 가운데 낙양에서 제일 오래 머물렀다. 낙양은 중국 역대 왕조 9개 제국이 수도로 삼았으며, 5000년의 역사를 지닌 곳이다.

출발할 때는 용문석굴을 먼저 염두에 두었지만 낙양 땅에 발을 들여놓으면서 솔직히 제일 먼저 조조를 떠올렸다. '그가 낙양 땅 어느 꽃밭에 앉아 흥을 돋구었는지, 어느 강변에서 술 한 잔 걸치고 시를 읊었는지' 궁금했다. 그는 삶을 즐길 줄도 알았고, 시를 쓰는 감상적인 시인이기도 했다.

천리마는 늙어 마구간에 묶여 있어도 老驥伏櫪

그 뜻은 천리를 달리네 志在千里
내 인생 늘그막에도 烈士暮年

사나이 웅대한 뜻은 끝없으리 壯心不已

　노년에 쓴 이 시는 조조가 인생을 얼마만큼 치열하게 살고자 노력했는지를 알 수 있다. 그는 당시 정치인이요, 무인다운 면도 있지만 인간적인 면모를 느끼게 하는 요소가 『삼국지』 곳곳마다 배어 있다.

　하북의 원소는 전쟁에서 패하고 돌아와도 그 부하 장군을 죽였고, 다른 의견을 받아들이거나 용납하는 도량이 부족했다. 반면 조조는 아무리 병력이 약해도 대세를 보는 눈이 뛰어나고 사람을 고르는 데 탁월해 포로가 된 적장이라도 절대 죽음으로 내치는 법이 없었다. 또한 부하들의 의견을 받아들이고 그들의 역량을 충분히 발휘할 기회를 주었다. 당나라 태종(이세민)도 형제와 조카들을 죽이고 왕권에 오르기는 했지만 중국 역대의 훌륭한 제왕으로 남아 있는 것은, 조조처럼 사람을 제대로 쓰고 부릴 줄 알았기 때문이다.

　조조는 인재를 적재적소에 쓸 줄 아는 식견가였다. 단적인 예가 하나 있다. 재주는 있어도 행실이 단정치 못한 곽가란 사람이 있었다. 어느 대신이 곽가를 탄핵했을 때 조조는, 탄핵한 대신에게는 엄정함을 칭찬하면서도 곽가의 재주는 재주대로 아꼈다.

　또한 적의 포로일지라도 의롭고 충성된 장군일 경우 어쩔 수 없이 죽이기는 해도, 후하게 장사를 지내 주는 아량과 배포를 지닌 사람이다. 반면 의롭지 못한 사람이라면 자신에게 항복한 사람일지라도 그에게 상을 내리지 않았다.

『삼국지』가 촉나라 입장에서 쓰여진 내용이다 보니, 위나라의 조조는 평가절하되어 있다. 충실한 왕을 상징하는 유비와는 정반대의 인물로, 조조는 간신이나 기회주의자로 상징되었다. 조조를 맡았던 청나라 말기의 어느 배우는 관객들로부터 맞아 죽었을 정도로, 중국인들은 조조를 싫어한다. 그러나 근래의 중국 역사가들은 그의 개척정신이나 대담성을 높게 평가한다. 그래서 시대가 영웅을 만들어내나 보다.

관림의 도량 정원 벤치에 홀로 앉아 관우와 조조의 우정, 조조의 사람됨을 떠올리며 최선의 삶이 무엇이고 우리는 무엇을 얻고자 살아가는지를 더듬어 본다.

그런데 이러고 있을 때가 아니다. 해가 아무리 길다지만, 중국 최대의 석굴 중 하나인 용문석굴로 빨리 발길을 돌려야겠다.

▶▶오늘의 행보 : 백마사 → 관림

용문석굴 봉선사 비로자나불

# 불교와 예술의 절묘한 극치
## 하남성 낙양 | 용문석굴

용문석굴 전경

용문석굴龍門石窟은 낙양 중심지로부터 12킬로미터 떨어진 곳에 위치한다. 돈황 막고굴, 대동의 운강석굴과 함께 중국 3대 석굴 중의 하나요, 석굴 예술의 보고寶庫다.

용문석굴도 다른 석굴과 마찬가지로 유네스코 세계문화유산에 등재되어 있는 불교문화재다. 용문이라는 이름은, 석굴 앞에 흐르는 이하伊河가 용의 형상을 하고 있는데 용이 들어가는 문이라고 하여 '용문龍門'이라고 하였다. 용문석굴은 길이가 60미터로 2,840여 개의 굴, 60여 좌의 탑, 총 10만여 존尊이 넘는 불상이 있다. 그러면 이렇게 많은 석굴 내부에 불상과 보살상을 한 왕조가 조성했을까?

석굴 조성은 북위 효문제(5세기 말)부터 시작해 동위東魏·서위西魏·

빈양북동

수·당·송나라 역대 왕조에 걸쳐 조성되었으니, 근 700~800여 년의 세월 동안 이루어진 것이다.(어느 기록에 의하면, 청나라 때까지 석굴이 조성되었다고 한다)

관림에서 용문석굴까지 가는 버스를 탔다. 20여 분만에 내렸는데, 평일인데도 사람들이 엄청 많다. 저 사람들 속을 뚫고 참배해야 한다니 눈앞이 까마득하지만, 어쩌랴! 사람 속에 파묻히는 것도 여행의 과정인 것을.

잠계사동潛溪寺洞(20굴)은 당나라 때 작품으로 아미타불을 중심으로 관세음보살과 대세지보살이 조성되어 있다. 안내판에 서방삼성西方三聖이라고 새겨져 있다. 당나라 때 작품 치고는 조금 세련되지 못한 면이 있다. 부처님 양쪽에 모셔진 두 보살님의 얼굴은 전혀 알아 볼 수가 없다.

빈양賓陽동굴은 북위의 선무제가 그의 부모를 기념하기 위해 조각한 것이다. 빈양중앙동굴은 자신을 위해 조각한 것으로 동굴을 만드는 데만 802,326명의 노동자가 투입되었고, 24년에 걸쳐 조성되었다고 한다. 동굴 입구에는 황제예불도와 황후예불도가 있는데 황궁에서 그들의 신앙 모습을 재현한 것이라 한다.

　동굴 중간중간에 피어난 이름 모를 꽃들이 마치 부처님께 꽃공양을 올리는 듯한 모습이다. 바위 틈새에 피어난 들꽃의 자태가 화려한 장미꽃보다 아름답고, 척박한 곳에서도 생명력을 키우는 강인함에 경이롭기까지 하다.

만불동

　만불동万佛洞(543굴)은 당나라 때 고종황제와 측천무후를 존경하는 뜻으로 축조되었다고 한다. 중앙에 석가모님부처님, 가섭과 아난이 좌우보처로 모셔져 있다. 부처님은 인자한 모습으로 연화대 위에 모셔져 있다. 뒤 광대에는 청동 연꽃들이 조성되어 있다. 석가모니부처님을 중심으로 벽면에 몇 센티미터도 안 되는 조그만 불상이 15,000여 분 모셔져 있다.(꼭 망원경과 손전등을 지참하시길…)

　연화동蓮花洞(712굴)은 부처님과 보살님 두 분이 모셔져 있으며, 천장에 커다란 연꽃이 조성되어 있다. 고개를 있는 대로 내밀어 동굴 내부를 보면서 괜히 화가 난다. 석굴에 조성된 작품들은 자연재해보다는 인

고양동

간의 인위적인 행동에 의해 파괴됐다는 점이다. 불상 대부분이 문화혁명(1966~1976년) 때 홍위병들이 망치로 머리·팔·코 등을 부숴버린 탓에 정확하게 보이지 않고, 어떤 불상은 머리 부분이 아예 없기도 하다. 불상인지, 보살상인지, 가섭인지, 아난인지, 불보살 상호를 아예 평면으로 재 조성한 홍위병들의 기술 또한 정교하다고 해야 할지.

약방동藥方洞(1381굴)은 굴 양쪽에 약방이 조각되어 있다. 약방동은 북위시대에 시작해 북제 때 완성했으며, 당나라 때까지 이어졌다고 한다. 본존을 중심으로 가섭과 문수, 두 분의 보살이 모셔져 있다. 이곳의 약방상은 140여 개나 되는데 요위방과 심동방, 요학방, 침전방 등 당나라 때의 민간요법을 조각해 놓았다.

고양동古陽洞은 493년에 조성되기 시작한 것으로 용문석굴 가운데 가장 오래된 석굴이다. 이 석굴은 북위시대 귀족들의 이미지가 조각되어

봉선사 전경

있다. 불상이 북쪽과 남쪽에 걸쳐 3열로 모셔져 있는데, 불상은 목선과 옷 무늬가 우아하고 머리가 길게 조각되어 있어 위나라의 전형적인 특징이 드러나 있다고 한다. 이 석굴의 특징은 위나라 서법書法의 대표적인 작품인 용문 20십품龍門二十品과 19품十九品까지 볼 수 있어 석굴 가운데 내용이 가장 풍부한 석굴이라고 한다.

 용문석굴의 불상조성은 왕조의 도움이 컸는데, 북위 왕조와 당나라 때가 대표적이다. 특히 당나라 때는 각종 유물 등 문화 방면에서 화려하고 정교하게 발전한 시기였는데, 동굴 조성도 마찬가지이다.

 최고의 하이라이트라고 할 수 있는 봉선사奉先寺 석굴은 규모가 가장 크다. 17.14미터의 비로자나불을 중심으로 왼쪽에 가섭과 문수, 오른쪽에 아난과 보현보살, 역사상이 있다. 봉선사 비로자나불은 당나라 때 측천무후를 모델로 하였다. 누구를 모델로 했건 간에 불상으로 보아 정

봉선사 보현보살

봉선사 역사상

말로 아름다운 상호를 갖춘 부처이다. 정면에서 보면 여자보다는 꽃미남 남자형이요, 옆면에서 보면 그야말로 잘 생긴 여인의 모습이다.

여자는 하나의 부속품이요, 장식품으로 여기던 당나라 때에 측천무후는 황궁을 좌지우지했던 여걸이다. 그녀는 황후 28년, 황태후 7년, 황제 15년 동안 근 50년간 정권을 누린 중국의 유일무이한 여황제이다.

14살에 태종의 재인으로 궁궐에 들어갔으나 태종의 눈에 들지 않았던 모양이다. 태종이 죽은 후, 당시 궁궐법에 따라 그녀는 감업사로 들어가 비구니가 됐다. 이후 고종(태종의 아들)과의 만남을 통해 다시 궁에 들어가면서, 태후를 몰아내고 자신에게 반기를 든 사람은 모두 제거했다. 또한 자신의 정권유지를 위해서는 형제, 자식들까지 희생시킨 것으로 역사에는 묘사되어 있다.

그러나 측천무후를 부정적으로만 볼 수 없다. 무후시대는 당나라가 가장 부강했고, 문화적으로도 꽃을 피운 시기에 속한다. 또한 그녀가 친히 주관했던 과거제도를 통해 가문보다는 능력을 중시했고, 국가적인 큰 변고나 사고가 없었다. 그녀가 남자였다면 역대 제왕 가운데 괄목할 만한 업적을 남긴 황제로 남았을 텐데, 단지 여자라는 이유 때문에 평가절하되고 있다.

그런데 원래 품성이 그러한지 정치적인 예지력인지는 모르겠지만 남자는 권력의 단맛과 아울러 그 두려움도 아는데, 여자는 한 번 권력의 단맛을 보면 그 두려움을 잊는 습성이 있나 보다.

송대 신법新法을 통해 사회를 개혁코자 했던 왕안석(1021~1086년)은 재상을 지낸 사람이다. 그는 말년에 사임을 하고 시골에 내려가 자연과 더불어 시를 읊으며 죽을 때까지 정치계에 발을 들여놓지 않았다. 또한 춘추시대의 범려, 도연명(365~427년), 왕희지(307~365년) 같은 인물들도 물러날 때 물러날 줄 알았다. 인간은 5욕(재산·수면·성·음식·명예) 가운데 명예욕이 가장 강하다고 하는데, 명예의 무상함을 알지 못해서인지 대체적으로 처참하게 파멸당하고 나서야 결국 손을 놓는 이들이 많다.

측천무후가 불교 역사에 남긴 문화적 업적이나 당시 승려들에게 바친 공양은 괄목할 만하다. 서안의 법문사에서 나온 유물 중에는 측천무후가 스님들에게 공양을 올린 물건들이 많이 출토되었다. 당시 유명한 신수(606~706년) 선사를 존경해 늘 궁으로 초대해 법문을 들었으며, 신라의 원측(613~696년) 법사도 측천무후에게 존경을 받았다. 한편 그녀가 대규모 사찰 불사에 낸 보시금 때문에 당시 재정이 흔들릴 정도였다고 하니, 그녀의 불심佛心은 인정하고 싶다.

하지만 너무 오버를 해서 "대주大周의 황제가 여자의 몸으로서 미륵으로 다시 태어날 수 있다."는 이야기가 담긴 《대운경大雲經》을 짓게도 했다.

석가모니부처님이 성불하고 고향 카필라성에 갔을 때, 정반왕과 마하파자파티 왕비도 아들인 석가에게 예를 표했다. 원래 승려는 출가하면 그 부모로부터 절을 받아야 하는 것이 불가의 법이다. 그런데 당나라 때의 측천무후는 부모에게 효를 강조하여 부모가 승려에게 예를 행하는 것을 금지했다고 한다. 용문석굴에 모셔진 불상 중에 자신의 부모를 위해 만든 불상이 있다고 하는데, 정확히 찾을 수가 없었다.

백원(백락천 묘지) 입구

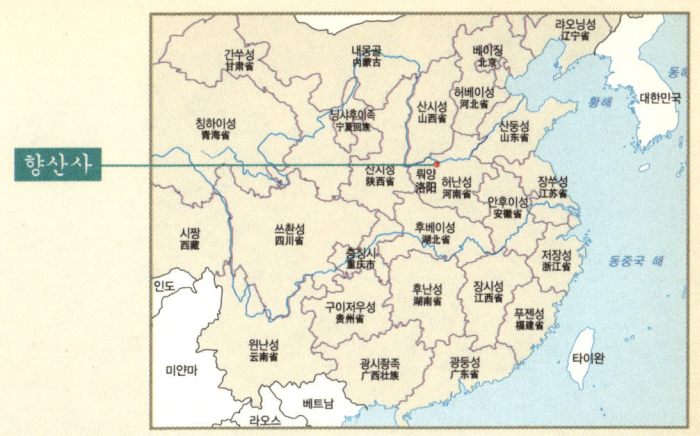

# 백낙천의 황혼과 도반들
## 하남성 낙양 | 향산사

이하를 중심으로 놓고 동산석굴과 서산석굴로 나뉜다

용문석굴은 이하(伊河)를 중심으로 서산(西山) 석굴과 동산(東山) 석굴로 나뉜다. 몇 년 전에 단체로 여행갔을 때, 서산석굴만 둘러보고 반대편 동산(東山)석굴과 향산사(香山寺)를 참배하지 못했다. 당시 강 건너편 향산사를 바라보며 가지 못함에 매우 애달파했다. 이번에야말로 홀로 여행이니, 누가 뭐라고 하랴! 앞으로는 절대 패키지 단체여행은 하지 않을 생각이다.

서산석굴을 다 참배하고 다리를 건너가면, 동산석굴과 향산사 및 백원(白園)(백낙천의 묘지)으로 이어진다.

백거이 묘

  당나라 때 시인 백낙천(772~846년)은 당송 8대 문장가 중 한 사람으로 선사들과 인연이 깊다. 그는 학식을 갖춘 학자요, 시인으로 뛰어난 문장력과 평이하고 유려한 시풍으로 평가받고 있다.

  그의 유명한 작품 중 「장한가長恨歌」는 806년에 지은 120행의 긴 서사시로 현종과 양귀비의 사랑을 다뤘다. 안록산의 난으로 인해 현종 황제는 사천성으로 피난 가는 도중, 나라를 망친 원인이 양귀비 때문이라는 신하들의 상소로 인해 어쩔 수 없이 양귀비를 죽게 한다. 백낙천은 두 사람의 지극한 사랑과 현종의 양귀비에 대한 애절한 그리움을 시로 묘사했는데, 감히 백낙천이 아니면 표현할 수 없을 만큼 뛰어난 작품이다. 현종의 임에 대한 사무친 그리움이 마음을 아리게 할 정도이다. 부분부분 몇 구절만 소개하면 이러하다.

    황제는 얼굴 가린 채, 그녀를 구하지 못하여

君王掩面救不得
머리 돌려 피눈물을 비오듯 흘리네.
回看血淚相和流
황제의 마음은 자나 깨나 귀비를 그리는 정으로 가득 찼네
聖主朝朝暮暮情
행궁에서 달을 보니 절절이 마음이 아려오고
行宮見月傷心色
밤비 속에 들려오는 말방울 소리 애간장을 끊게 하네.
夜雨聞鈴腸斷聲

연꽃은 귀비의 얼굴 같고 버들은 눈썹 같았으니
芙蓉如面柳如眉
어찌 눈물 흘리지 않을 수 있으리
對此如何不淚垂
봄바람에 복숭아꽃 살구꽃 흐드러지게 피고
春風桃李花開日
가을비에 오동잎 떨어질 때면, 그리움 더욱 사무치네.
秋雨梧桐葉落時

　백낙천이 항주 자사刺史로 있을 때, 그 지방의 고승 조과 도림鳥窠道林 (741~824년)[1]을 방문했다. 도림 선사는 새가 나무 위에 집을 짓고 사는 것처럼 나무 위에서 좌선을 한다고 하여 '조과鳥窠'라고 불렀다. 먼저 백낙천이 선사에게 물었다.

　"큰스님, 제가 평생 좌우명으로 삼을 만한 법문을 듣고자 왔습니다."

"제악막작諸惡莫作 중선봉행衆善奉行 자정기의自淨其意 시제불교是諸佛敎. 즉 모든 악한 행동을 하지 말고, 선한 일만을 받들어 행하며, 스스로 자기 마음을 깨끗이 하면, 이것이 바로 부처님의 가르침이니라."2)

"그거야 삼척동자도 아는 일 아닙니까?"

"삼척동자도 알기는 쉬워도, 팔십 먹은 노인도 행하기는 어려운 것일세."

천하의 백낙천이 스님의 그 한마디에 고개를 숙이고 귀의했다고 전한다. 백낙천의 작품에는 자유를 희구하는 정신이 드러나 있으며, 불교의 정토세계와 노장사상도 담겨있다. 그가 추구하는 세계는 서방정토 · 무량수불 · 아미타불의 세계였다. 그는 148명의 가까운 사람들과 함께 상생회上生會라는 모임을 만들어서, 부처님의 명호를 부르고 부처님과 같이 좌선하였으며 내세에 서방정토에 왕생하기를 기원했다.

백낙천은 말년에 벼슬자리를 내놓고 18년 동안 향산사에 머물며 자신 스스로 향산 거사라 칭했다. 그는 자신의 사재私財를 털어 향산사를 중수한 뒤, 불광佛光 여만如滿 선사3)가 주지가 되는데 일조一助한다. 이곳에서 여만 선사 등과 함께 9명이 구노사九老社를 결사하고 향산사에 모여 음영임천吟詠林泉하면서 친교를 다졌다.

몇 년 후 여만 선사가 먼저 열반에 들자, 구노사 도반들은 향산사에 묘탑을 세웠다. 그 후에 몇 년이 지나 백낙천도 "여만 선사 묘탑 옆에 자신을 묻어 달라."는 유언을 남겼다. 유언에 따라 846년 그는 여만 선사 옆에 묻혔다. 현재 여만 선사의 묘탑은 없어지고 백낙천의 묘만 존

나한당 입구

재하는데 그 묘를 백원白園이라고 칭한다.

　백낙천과 여만 선사, 그 도반들이 함께 음영하며 불심을 닦았던 향산사 도량에 나름대로 잔뜩 기대하고 들어섰다. 향산사는 백원 바로 옆에 있는데, 아주 전형적인 중국 최고의 관광사찰이었다.

　나한전 앞에 헝겊을 매달아 놓는 받침대가 하나 있는데, 거기에 '복福' 자가 잔뜩 쓰여 있다. 아마도 일반 관광객들이 그 헝겊을 몇 푼 주고 사서 나한님 목에 걸었다가 자기 목에 다시 거는 듯하다. 또 그 앞 종각의 종 사방에도 빨간 종이에 큰 글씨로 쓴 '복福' 자가 거꾸로 붙어 있는데, 돈 몇 푼을 내고 종을 친다.

　"종을 두드리면 공덕이 무량하다. 3번 두드리면 총명하고, 6번 두드리면 건강 장수하며, 9번 두드리면 큰 복과 귀함이 있다."고 한다나. 향산사에 들어오기 전부터 들었는데, 도량을 돌아보는 내내 줄곧 종소리가 끊이지를 않는다. "부처님 도량에서 종을 치면 복 받는다."고 믿는 중생들의 마음이 어여쁠 따름이다.

법당에 들어갔더니 그곳에는 가짜 승려 3명이 목에 108염주까지 걸고 폼 잡고 의자에 앉아 있다. 한눈에 봐도 알 수 있을 정도인데, 과연 누구를 속이려고 그러는지 알다가도 모를 일이다. 어리석게도.

주)
1) 조과 도림 선사는 중국 당나라 때 스님으로 우두종파이다. 경산 법흠 선사의 법을 이어받았다. 『조당집』에 그의 전기가 실려 있다.
2) 7분의 부처님이 이 세상에 출현해도, 일곱 부처님 모두 이 게송을 설할 것이라고 하여 칠불통계게七佛通戒偈라고 한다.
3) 불광 여만 선사는 당나라 때 스님으로 생몰연대 미상, 마조 도일 선사에게서 사사받았다.

향산사 종에 '복'자가 거꾸로 붙어 있는데 '복'자를 거꾸로 붙이는 것은 복이 쏟아지라는 뜻이다

자은사 입구(현장과 대안탑)

# 섬서성 (산시성 陝西省)

# 법상종과 현장 법사
섬서성 서안 | 소안탑, 대안탑, 흥교사

섬서성陝西省 서안西安은 북경北京 · 남경南京 · 낙양洛陽 · 개봉開封 · 항주杭州와 함께 옛 수도의 6대 도시 중 하나요, 100여 명의 제왕이 수도로 삼았던 곳이다.

특히 서안을 수도로 정했던 대표적인 나라는 진나라와 당나라이다. 당나라 때는 서안이 실크로드 시발점으로 당시 동서문화의 교류지였으며, 진나라는 서안을 중심으로 중국 최초로 통일국가를 이루었다.

1974년 농부가 밭에서 일하다 우연히 발견한 진시황 병마용兵馬俑은 세계에 집중적인 뉴스거리가 되었다. 현재도 이 지역에 관광객이 제일 많이 몰려든다. 병마용뿐만 아니라, 서안은 최대의 관광지로서 수많은 유물과 유적이 있다.

병마용이란 진시황이 죽은 후 수많은 사람들(군인)을 순장시키는 대신 흙을 구워 만든 실물 크기의 인형이 묻혀있던 곳을 말한다. 1호 갱에 6,000여 병마가 실물 크기로 정연하게 늘어서 있는데, 이들은 하나같이 표정이 다르고 손에는 무기를 들고 있다.

진시황제를 비롯해 역대 황제들이 만리장성을 쌓기 위해 수백만의 장정들을 죽음으로 내몰고, 그들의 가족까지 한으로 사무치게 만들었다. 솔직히 누구를 위한 장성인가? 결국 황실 가족의 영원한 안녕을 위해 백성의 피와 땀, 한숨으로 만들어진 것이리라.

또한 청나라 말기, 영국과 프랑스 연합군의 폭격으로 원명원이 파괴됐는데, 서태후는 파괴된 원명원을 대신해 이화원을 지었다. 이곳은 자연 풍경을 그대로 살린 정원구조, 자연의 아름다움과 궁궐, 사원, 다리

등 인공적 요소가 조화롭게 결합된 건축물로 세계문화유산 가운데 하나이며, 북경 여행 코스 중 빠지지 않는 곳이다. 이화원은 그녀의 여름 별장인 셈인데, 그것을 지은 내막이 기가 막히다. 당시 군함을 사기 위해 비축한 군비를 가져다 이화원을 짓는 바람에, 결국 중국은 청일전쟁에서 패배하여 대국의 수치를 당해야 했다.

한편 인도의 아그라 타지마할은 무굴제국의 황제 샤 자한Shah jahan(1592~1666년)이 지은 것이다. 그는 아내 타즈마할을 끔찍이도 사랑했다. 원정길까지 늘 아내와 동행할 정도로 부부 금실이 좋았는데, 아내가 14번째 아기를 낳다가 숨졌다. 샤 쟈한은 아내를 위해 묘지(궁전)를 짓는데 22년이나 걸렸다. 이 궁전이 완성된 후 아내의 이름을 따서 타지마할이라고 했다. 그리고 앞으로 타지마할과 같은 궁전을 다시는 짓지 못하도록 건설에 참여했던 장인들의 손목을 모두 잘라버렸다.

병마용, 만리장성, 이화원, 타지마할은 세계문화유산 가운데 하나요, 여행자들이 들르는 필수 코스이다. 피와 땀, 한숨과 눈물로 빚어진 문화로 후손들은 두둑한 관광 수입을 올리고 있다. 참으로 세상사는 아이러니하다. 결국 고생한 사람 따로 있고, 덕 보는 사람 따로 있으니.

북경에서 아침 7시 비행기를 타서 섬서성 서안에 내리니 오전 10시도 채 안 되었다. 여행하면서 북경에서 출발할 때는 제일 이른 비행기를 탔고, 북경으로 돌아갈 때는 밤 비행기를 탔다. 여행하는 동안 여러 교통 수단을 이용했는데, 여행 기간이 길어지면서 장거리 기차는 타지 않았

소안탑

다. 중국이 워낙 큰 땅인지라, 교통비 아끼려다 보면 오히려 하루 숙박비가 더 추가되기 때문에 어느 경우는 비행기를 타는 것이 시간과 경비가 절약되고, 건강에도 도움이 될 때가 있다.

지도를 산 후에 숙소를 정해 잠시 쉬면서 여행 일정을 짰다. 서안은 4년 전에 왔던 곳이라 꼭 참배할 사찰만 지도에 표시했다.

제일 먼저 소안탑小雁塔으로 향했다. 이 탑은 천복사薦福寺 도량 안에 있다. 이 사찰은 684년 당나라 때 창건되었고, 현재 승려는 거주하지 않는다.

소안탑은 707년에 세워졌는데 대안탑大雁塔보다 규모가 작다고 해서 소안탑이라 불린다. 이 탑이 세워질 당시에는 15층이었는데, 지진으로 인해 상부의 2층이 붕괴되어 현재는 높이 43미터, 13층의 탑으로 이루어져 있다.

천복사는 당나라 때의 고승 의정義淨(635~713년)이 수행하던 곳이다. 그는 인도를 다녀온 법현, 현장과 함께 당나라 3대 구법승으로 알려져 있다. 의정 스님은 671년 페르시아 상선에 올라 해로로 인도를 향해 출발했다. 400여 권의 산스크리트어 경전을 가지고 인도네시아와 인도 등 30여 개국을 돌아 695년 당나라로 돌아왔다. 귀국 후 천복사 소안탑에 경전을 보관하고, 이곳에서 경전 번역을 했다.[1]

삼장三藏 법사로 널리 알려진 현장은 629년 인도로 떠나기 위해 조정에 허락을 받고자 했으나, 당시 조정(당나라 태종)은 중앙아시아의 여러 나라들과 외교를 단절한 상태였기 때문에 허가를 내 주지 않았다. 그는

흥교사 현장법사 상

황제의 명을 거역하고 비밀리에 법을 구하고자 인도로 향했다.

    현장 법사는 인도로 가는 여정 중에 사해沙海라고 불리는 사막을 만났다. 물도 목초지도 없는 사막을 걸으면서 반야심경을 독경했다. 샘을 찾지 못하고, 갖고 있던 가죽 물주머니를 입 가까이 끌어 올렸다가 실수로 가지고 있던 물까지 쏟고 말았다. 게다가 길까지 잃어버려 헤매며 10여 리쯤 걸었다. 그러다 '어쩔 수 없다'는 생각에 동쪽으로 다시 되돌아가며 곰곰이 생각했다.
    "애초에 인도에 도착하지 못하면 중국으로 되돌아가지 않겠다고 굳게 맹세해 놓고 고작 이런 일로 되돌아가다니, 내가 여기까지 온 이유가 무엇이란 말인가? 단지 목숨을 부지하기 위해 동쪽으로 되돌아가다니 차라리 서역을 향해 가다 죽더라도 중국으로 다시 돌아가지 않으리라!"
    이렇게 다짐한 뒤, 인도를 향해 걸었다…. 인적이 보이지 않는 두려움 속에서 폭우처럼 쏟아지는 모래 비를 맞았으며, 며칠 동안 물 한 모금도 먹지 못해 탈진상태가 되었다. 이런 극한 상황 속에서도 현장 법사는 '관음보살'을 염하며 고통과 고독을 이겨냈다.

                                              대당서역기

　위의 이야기는 중국 당나라 때 현장玄奘(601~664년) 법사가 인도로 가는 도중 사막에서 겪은 이야기다.
　그는 장안을 출발하여 토로번, 사마르칸트를 거쳐 바미안(아프가니스탄), 간다라를 지나 마침내 인도에 이르렀다. 캐시미르에서 2년 반 동안 체류한 뒤, 인도 여러 지방에서 수행하고 17년 만인 645년에 150개의 불사리, 8개의 불상, 657부의 경전을 가지고 장안에 들어왔다. 이때 당나라 태종은 그를 기다리며 고구려 원정까지 미루었다. 또한 현장이 『유가론』을 번역했을 때 황제는 스스로 『논論』을 들고 입이 마르도록 찬탄했다고 한다.
　대안탑大雁塔은 자은사慈恩寺 도량 내에 있는 탑으로 서안의 상징물 중 하나이다. 현장 법사는 자신이 가지고 돌아온 경전 대부분을 자은사에서 직접 번역하였다.
　자은사는 수나라 때 지어진 사찰로서 창건 당시 무루사無漏寺라 하였는데, 당나라 황제 고종이 어머니인 문덕 황후를 위해 절을 다시 중수하고 자은사라 불렀다. 말 그대로 "자애심 많은 어머니의 은덕을 추모한다."는 뜻으로 붙여진 이름이다. 사찰이 중수되었던 당나라 때는 도량이 현재에 비해 7배에 달할 정도로 컸다고 한다. 그런데 당나라 말 전쟁으로 인해 도량은 폐허가 되었고 탑만 덩그렇게 남았다. 현재의

흥교사 삼문식 패방

도량은 옛날 자은사의 서탑원西塔院에 해당된다.

대안탑은 처음에 5층탑으로 세워졌으나 전쟁으로 인해 일부가 허물어져 다시 복구하기를 거듭했는데, 현재의 탑은 명나라 때 유물이다. 높이 64.5미터, 둘레 25미터의 7층탑으로 꼭대기에서 바라보는 조망이 뛰어나다.

현장의 전기와 인도로 가는 험난한 여정, 인도에서의 수행 체험을 내용으로, 그의 제자 변기가 쓴 책이 『대당서역기』이다. 한편, 중국 명나라 때 오승은이 지은 장편 소설 『서유기西遊記』는 세계적으로 유명한 책이다. 현장 법사가 손오공, 저팔계, 사오정을 데리고 인도로 가는 도중 수없이 많은 고난을 당하면서도 마침내 목적지에 도착하여 경전을 얻어 온다는 것이 주 내용이다. 그래선지 현장 법사를 모델로 한 소설이나 경극, 그림 등이 유명하다. 필자가 중국에 머무는 동안 텔레비전에서 서유기에 관한 프로그램을 방영하는 것을 자주 보았다.

흥교사興敎寺는 서안에서 남쪽으로 20킬로미터 떨어진 두곡杜曲에 위

중간 탑이 현장, 왼쪽이 규기, 오른쪽이 원측법사의 탑이다

치해 있다. 664년 현장 법사가 입적하자 고종은 "짐이 국보를 잃었도다." 하고 한탄했다. 제자들은 현장 법사의 유골을 이곳 흥교사에 묻었다. 흥교사는 당나라 숙종 황제(재위 756~762년) 때부터 내려온 유서 깊은 사찰로, 화재로 인해 당우가 모두 소실되었는데 현재의 당우들은 최근에 재건된 것이다. 도량 내에는 현장 법사의 사리탑과 그의 제자들 탑 2기가 있는데, 이는 당나라 때의 유물이다.

현장 법사의 5층탑을 가운데 두고 그의 두 제자인 원측圓測 법사와 규기窺基 법사의 3층 석탑이 좌우에 배치되어 있다. 현장의 탑 내부를 보면 현장의 상이 모셔져 있고, 원측의 탑 내부에도 원측 법사의 상이 모셔져 있다. 원측의 탑은 현장의 탑에 비하면 작고 간결하지만, 신라 승려가 중국 최고의 고승과 나란히 중국인들의 존숭을 받고 있다는 사실이 매우 자랑스럽다. 그러나 원측 법사는 현재 비춰지는 것보다 생전에 마음고생을 많이 했다.

현장 법사가 중국으로 돌아와 번역에 특히 힘썼던 분야가 유식唯識인

원측법사탑                    탑 안에 모셔진 원측법사상

데, 현장의 법을 이어 법상종(法相宗)을 성립시킨 제자가 규기(632~682년) 법사이다. 따라서 자은사는 중국불교 8종 가운데 법상종의 조정(祖庭) 사찰이다.

　원측 법사는 규기 법사보다는 나이가 19세 더 많았고, 학문도 규기 법사보다 뛰어났다. 그런데 현장 법사가 인도에서 공부해 온 유식을 강의할 때 떳떳하지 못하게 몰래 들었다는 이유로, 규기 법사 측에서 원측 법사를 이단으로 내몰았다.

　당시 중국 승려들 사이에서도 동쪽 오랑캐 국가에서 왔다고 얼마나 멸시하고 텃세를 부렸는지를 추측해 볼 수 있는 대목이다. 그래도 후대에 원측 법사는 법상종의 개조인 현장을 보좌하는 대표 제자로 남았으며, 신라인 김교각 스님을 중국인들이 지장보살의 화신으로 떠받든다는 점에서 무한한 긍지를 느낀다.

참배를 끝내고 나오는데 한 거사님이 나를 종각쪽으로 부르기에 가보니, 몇 년 전 불국사에서 보시한 한국 종이 보관되어 있었다. 한국 종을 바라보니 내가 이국땅에 서 있다는 고독감이 가슴에 켜켜이 쌓인다.

▶▶오늘의 행보 : 소안탑 → 대안탑 → 흥교사

주)
1) 의정의 저서 중 『대당서역구법고승전大唐西域求法高僧傳』과 『남해기귀내법전南海寄歸內法傳』은 당시의 인도불교나 사회를 알 수 있는 중요한 자료이다.
2) 인도의 유가론을 완성한 세친 스님(320~420년) 이후 유가행파 중에서 진나·호법 스님의 계통을 이은 계현戒賢 스님에게서 배웠다. 현장은 세친 스님의 『유식삼십송』에 주석을 한 호법 스님의 『성유식론』을 역출하고, 제자인 규기에게 전수하였다. 그리하여 호법 스님의 학설을 중심으로 법상종이 설립된 것이다.

흥선사 도량

# 밀교와 불공삼장

섬서성 서안 | 흥선사, 청룡사

중국인의 정신문화를 대표하는 사상 3가지를 꼽으라고 한다면, 유교·불교·도교라고 할 수 있다. 유교와 도교는 중국 내부에서 형성된 것으로 종교적인 차원보다는 자신을 수양하고, 부모에게 효도하며, 국가에 충성을 다하는 인간적인 기본 윤리를 바탕으로 하고 있다.

반면 불교는 67년 한나라 때 서역으로부터 받아들여 상류층부터 믿기 시작했다. 5호 16국 시대에 뿌리를 내리기 시작하여 북위 때는 극도로 성행했는데, 그 상징물이 현재 세계문화유산인 돈황 막고굴과 운강석굴, 용문석굴로 중국 3대 석굴이다.

한편 수·당 시대를 거치면서 경전 번역이 성행하고 여러 종파가 생기면서 중국불교는 크게 번성하였고, 현재에 이르기까지 중국의 주된 사상이요, 사람들의 마음을 어루만지는 종교로서의 역할을 하고 있다.

어느 나라나 경제 발전과 함께 문화도 진보하는 것이 당연한 결과이자 이치다. 현재 중국은 사회주의를 고수하고 있지만 내용적으로는 자본주의 경제체제를 받아들여 크게 변화 발전하고 있으며, 문화나 서민들의 삶 또한 질적 향상을 수반하게 될 것이다. 중국은 전 세계 어디에 내놓아도 손색이 없을 만큼 뛰어난 불교 문화와 사상을 가지고 있다. 간혹 한국의 젊은 학생들은 현재 중국의 경제만을 가지고 낮게 평가하는데, 이는 절대 금물이다. 그들은 만만한 사람들이 아닐 뿐만 아니라, 가능성 있는 나라임을 잊지 말아야 한다.

불교가 포용성을 가진 사상이다 보니 어느 나라로 유입되든지 간에 큰 마찰 없이, 그 나라의 전통적인 사상이나 종교와 조화를 이루었다. 그러다 보니 한국불교는 이전의 전통 샤머니즘과 결부된 불교요, 티베트불교는 이전의 티베트 문화와 결부된 불교요, 중국불교 또한 중국의 토양성이 강한 특색을 띠고 있다. 중국은 당나라 때에 이르러 문화적으로 꽃을 피웠을 뿐만 아니라, 불교철학이나 사상체계도 고도로 발달했다.

중국에 불교가 들어온 이래, 1천여 년에 걸쳐 다라니를 제외한 모든 경전은 한문으로 번역되었다. 특히 당나라 때 현장·보리 유지·의정 등 수많은 역경승들에 의해 경전이 한역되었는데, 번역된 대장경을 중심으로 중국불교가 성립되었다고 해도 과언이 아니다. 인도는 학파불교이지만, 중국은 경전을 중심으로 하는 종파불교이다. 당나라 때에 번역된 경전을 중심으로 천태종(수나라 때 형성)·삼론종·선종·화엄종·계율종·정토종·법상종·밀교 등 8종이 형성, 발전되었다.

나는 밀교 사찰들을 순례하기로 마음먹고 서안 시내에 있는 밀교 계통의 사찰 흥선사興善寺를 찾았다. 사찰 연혁과 주요 문물 등을 알아 보기 위해 객당으로 갔더니 스님들 몇 분이 방안에서 쉬고 있으면서 코빼기도 내비치지 않는다. 큰 소리로 잠깐 뵙기를 청하니 겨우 스님 한 분이 나오면서, 지금은 객당 담당 스님이 쉬는 시간이라 사찰에 대한 것을 알고 싶으면 1시간 정도를 기다리란다.

중국인들은 점심을 먹고 나서 낮잠을 잔다. 점심시간에는 절대 일을 하지 않는다. 스님네들조차 점심시간 무렵에는 휴식을 취하고 사람을

흥선사 염불당

만나지 않는 분도 있다. 부지런하고 빠릿빠릿한 한국인에게는 이해가 가지 않겠지만, 중국인들의 문화이니 '그러려니!' 하고 받아들일 수밖에.

　진언眞言 계통의 밀교는 300년대 후기부터 경전이 중국으로 유입되었다. 그 후 선무외善無畏(637~735년)와 금강지金剛智(669~741년)가 인도에서 들어와 체계적인 밀교純密 계통 경전을 번역했다.

　선무외는 중인도 오리사Orissa의 국왕이었으나 왕위를 버리고 출가했다. 밀교의 깊은 뜻을 펴고자 80세에 서역을 지나 천산북로를 통해 장안으로 들어왔다. 현종의 영접을 받고, 흥복사와 서명사에 머물며 밀교 경전을 번역했다.

　금강지는 남인도 사람으로 10세에 출가하여 인도 여러 지역에서 수

흥선사 도량에서 법당을 향해 기도하는 신자들(중국인들은 굳이 법당 안에서 기도하지 않는다)

행했다. 720년 51세에 낙양에 들어와 723년 제자 일행一行·불공 등과 함께 밀교 경전을 번역했다.

선무외와 금강지에 의해 체계적인 밀교경전이 번역된 것은 사실이나 이를 계승해 밀교를 선양하고, 당나라 황제의 귀의를 받은 이는 불공 삼장不空三藏(705~774년)이다.

불공 삼장은 북인도 출신으로 15세에 금강지의 제자가 되었다. 스승 금강지의 뜻을 받들어 밀교 경전의 범본을 가지러 다시 인도에 들어가 밀교 경전 1,200권을 가지고 중국에 돌아왔다. 3대에 걸쳐 현종·숙종·태종 황제는 궁중 내에 도량을 설치하여 불공 삼장을 머물게 하며 법문을 청했다. 그가 남긴 저서로는 《금강정경》, 《발보리심론》 등 110부 143권에 달한다. 그의 많은 제자들 중에는 혜과惠果, 혜랑慧朗 등 6명의 뛰어난 제자가 있다.

제자인 **혜량 스님**은 흥선사에 머물면서 역경을 하고, 스승 불공 삼장의 밀교를 전하며 당시 밀교 사원을 관리, 통솔했던 인물이다.

보름 전 복건성 복주福州 개원사開元寺에서 보았던 일본 승려 쿠우까이空海 대사의 입상이 이곳 흥선사에도 있다. 쿠우까이의 입상 아랫부분에 적혀 있는 기록에 의하면, "쿠우까이가 복건성 개원사에서 장안으로 올라와 흥선사에서 수행을 하고, 그 후 청룡사로 옮겨갔다. 대사가 중국에 입당한 지 1200년을 기념해 이 상을 세운다.(2004년)"라고 쓰여 있다.

흥선사는 3세기 말에 창건되었다고 하니, 서안에서 가장 오래된 사찰이다. 수나라 때 사찰을 크게 중수하고 흥선사라고 불렀다. 몇 번이

쿠우까이상(복건성 복주 개원사)    쿠우까이상(섬서성 서안 흥선사)

나 파손되어 1949년부터 현재까지 사찰 불사가 계속해 이루어지고 있다.

　이 절은 인도에서 당나라 장안으로 온 승려들이 거주했으며, 이곳에서 역경이 이루어졌다. 특히 불공 삼장不空三藏(705~774년)이 머물며 역경을 했던 밀교 포교지로 유명하다.

　혜과惠果(?~805년)는 불공삼장의 제자로서 20세에 출가하여 불공을 따라 금강계를 공부하고 함께 역경에 종사했다. 밀교의 조정祖庭 사찰이라 불리는 청룡사에서 주석했기 때문에 청룡화상이라고 불린다. 덕종과 순종의 귀의를 받았으며, 많은 제자를 지도했다. 일본 진언종의 개조인 쿠우까이대사(774~835년)도 혜과의 제자이다.

　쿠우까이는 스승 혜과惠果로부터 금태양부의 관정을 받고 순밀의 전법대아사리위를 얻어서 진언밀교의 법을 이어받았다. 그리고 장기간의 유학 일정을 바꾸어 다음 해 806년 10월에 일본으로 돌아갔다. 그는 일본으로 가면서 불구佛具 9종, 금태양부만다라도상 10축, 아사리부촉물 13종, 경궤논소장 216부 460권을 가져갔다.

　쿠우까이 스님은 고야高野산 금강봉사金剛峰寺와 교토에 동사東寺를 중심으로 일본 진언종을 창종했다. 금강봉사는 현재 일본 진언종의 총본산이며 세계문화유산에 등재된 사찰이다.

　또한 그는 일본밀교를 조직적으로 체계화했는데, 그의 밀교관은 법신대일여래의 실재관을 확립함에 있다고 할 수 있다. 대일大日여래를 신앙의 대상으로 삼아 삼밀행三密行[1]을 닦고 입아아입관入我我入觀에 들어가면 삼밀가지의 불가사의력에 의해 부모로부터 받은 이 육신을 가지고 그대로 즉신성불卽身成佛할 수 있다는 것이다. 이것을 대변해 주는 책으로 그의 『즉신성불의卽身成佛義』 1권이 있다.

대일법신불의 실재를 기조로 하여 순밀의 사상 체계를 확립한 것이 『변현밀이교론弁顯密二敎論』, 『비밀만다라십주심론秘密曼荼羅十住心論』 등이다. 6경 3론을 전거로 하여 법신대일여래의 범불론汎佛論적인 실재를 논증했다. 그는 법신대일여래를 중심으로 하는 순밀 사상의 체계화는 물론 순밀에서 설하는 만다라관에 바탕을 두고 쿠우까이 스님 자신의 종교체험을 드러내었다고 한다.

한편 그는 사립학교를 세워 불교와 문학, 역사, 서법書法 등을 가르쳤고 일본 제일자전을 편찬하기도 했다. 필자는 이 점에 있어서 쿠우까이 스님에게 후한 점수를 매긴다. 승려라고 해서 굳이 부처님법만으로 포교해야 한다고는 생각지 않는다. 범종교적인 차원에서 중생들이 바른 길로 나아가도록 제시해 주며, 예술이나 교육 차원을 곁들인 포교도 괜찮다고 생각한다.

일본인들은 그의 평생 업적을 고려하여 '홍법弘法대사'라고 부른다. 그는 832년 고야산 금강봉사에서 조용히 지내며 동사와 금강봉사를 제자들에게 부촉하고 오로지 삼매에 주력하다가 835년 입정에 들었다.

청룡사靑龍寺는 서안시에서 얼마 떨어지지 않은 거리에 있다. 얼마 전까지 유적지로만 남아 있었던 모양이다. 1984년에 세운 혜과와 쿠우까

혜과와 쿠우까이 기념당

이 기념당이 있고 환히 트인 도량이 있다. 기념당 내부에는 왼쪽에 파란색 장삼을 입은 혜과 스님과 붉은색 장삼을 입은 쿠우까이 스님의 좌상이 모셔져 있을 뿐이다. 아마도 일본 진언종 보시자들에 의해 세워졌을 것이다.

결국 일본 쿠우까이 스님이 당나라에 들어와서 수행했던 3곳 사찰을 다 참배한 셈이다. 참으로 기이한 인연이다. 아무래도 나는 쿠우까이 스님과 전생 인연이 깊은 모양이다.

> 인간이 살면서 꼭 만나야 할 사람은 만나고
> '다시는 보지 말자'는 악연惡緣도

기념당내에 왼쪽은 혜과, 오른쪽은 우우까이

꼭 만나게 되는 인연의 미묘한 법칙이 있다.

인연이란 산다는 것의 또 다른 이름이다.

인연으로 인해 인생이 좌우되기도 하고 행복과 기쁨을 맛보기도 한다.

어느 인연으로 인해 지옥과 타락에 떨어질 수도 있다.

그렇다고 피해 갈 수 있는 방법이 있는 것도 아니지 않은가!

인간의 영원한 미로,

인연.

주)
1) 삼밀수행은 진리와 '하나' 되는 수행을 해야 하는데, 대일여래는 세 가지 작용을 한다. 첫째 우주 전체의 움직임인 신밀身密, 둘째 우주간에 충만한 소리인 구밀口密, 셋째 생명체의 의식활동인 의밀意密이다. 신구의身口意 행위 모두가 업이 아니라, 밀(깊은 진리)의 작용이 순간순간 나타난다.

아미산

# 율종과 도선 율사
섬서성 서안 | 종남산 정업사

패키지여행이 아닌 배낭여행, 더구나 혼자 떠나는 여행은 계획을 잘 짜지 않으면 경제적 손실이 클 뿐만 아니라, 고독의 연장이 될 수도 있다. 짧은 여행이든, 긴 여행이든 계획대로 순조롭게 진행되기는 쉽지 않다. 생각했던 것보다 여행 일정이 늦추어질 수도 있고, 오히려 단축되는 경우도 있다.

배낭여행은 자신의 경제적 여건을 고려하지 않고 계획을 짜는 경우 큰 손실이 발생하기도 하지만, 때로는 우연치 않게 남의 도움을 받아 이익을 보기도 한다. 여행 일정을 너무 바쁘게 짜서도 안 되지만, 지나치게 느슨한 것도 좋지 않다. 너무 바삐 움직이면 주마간산走馬看山격이 될 것이요, 느슨하면 마음에 틈이 생긴다.

여행 기간을 한 달 잡을 경우 한 달간의 전체적인 계획이 서 있어야 하고, 보름이라면 보름 동안의 계획이, 일주일이라면 일주일의 계획이 서 있어야 한다. 가령 보름인 경우 전체적인 계획 속에서 3일 단위로 계획을 세우고, 또 하루하루의 일정이 있어야 한다. 그리고 바로 다음 날의 일정도 미리 생각하고 준비해야 한다. 가령 어느 지방에 갈 경우, 전날 여행할 장소에 대한 지식을 습득한다. 그 지방에 내려서 다음 목적지와 출발 시간을 확인한 다음, 그 지방의 지도를 사서 일정을 짠다. 숙소는 오랫동안 참배할 사찰 옆이나 혹은 유원지가 많이 모인 근방이 좋다. 그렇지 않으면 터미널이나 기차역 부근이 알맞다.

그러나 아무리 계획을 잘 짠다고 해도 계획대로 이루어지는 법은 없다. 희한하게 생각지 않은 일이 꼭 생겨 계획이 어긋나기도 한다. 여행

정보를 보고 계획하는 경우, 제일 많이 어긋나는 곳이 중국일 것이다. 그만큼 중국은 곳곳마다 공사가 이루어지고 있고, 여행 정보 책자에 나와 있는 입장료보다 거의 4~5배 정도 비싸다. 또한 예상치 않게 빨리 도착하기도 하고, 생각지도 못했던 곳에서 오래 머물게 되는 경우도 있다.

한편 여행지에서 제일 즐거운 일은 사람을 만나는 일이다. 솔직히 사람을 쉽게 가까이하는 편은 아니지만, 그곳에서 잠깐 만나는 인연들을 통해 새로운 인생을 배우기 때문이다.

아마 우리 인생도 이 여행과 같지 않나 싶다. 10년 단위의 계획을 세운 다음 5년 계획을 세우고, 그리고 1년간의 구체적인 계획을 세워야 할 것이다. 이렇게 인생 계획을 세워 놓고 살아가면서도 뜻하지 않는 일이 생겨 계획이 어긋나기도 하고, 인생의 지음자知音者를 만나 삶의 계획이 순조롭게 이루어지기도 한다. 또한 계획했던 것보다 늦추어질 수도 있고, 뜻하지 않은 어려움에 처해 고통에서 허덕일 수도 있다.

> 삶은 늘 변하기 마련이다.
> 무상無常하기에
> 살아가는 데 질퍽한 길과 평탄한 길이 반복된다
> 어떤 굴곡의 비바람과 눈보라일지라도 겸허히 받아들이는 마음이
> 지혜로운 삶을 지탱하는 버팀목일 게다.

얼마 전까지만 해도 평생 학문의 길을 생각했다. 그런데 수행도 하지 않고 입만 살아서 강의하며 사는 것에 허전함이 밀려왔다. 세월만 좀먹

정업사 올라가는 입구

는 것 같아 몇 년간 수행하기로 마음을 바꿨다. 학문은 평생 해야 한다는 일종의 느긋함을 가지면서 말이다. 물론 장기적인 인생 노선이 바뀐 것은 아니다. 이번 여행길에서는 부수적인 노선 하나를 더 세웠다. 부처님 은덕으로 이렇게 수행하고 복을 누리고 있으니, 중생들에게 회향할 수 있는 방법이 좋은 글을 쓰는 일이라고.

대부분의 선종사찰 조사전에는 그 사찰을 개산한 승려의 상이나 초상화가 모셔져 있다. 보통 개조開祖 한 분을 모셔 놓기도 하고, 스승과 제자를 함께 세 분을 모시기도 한다. 도반과 그 법맥을 포함해 다섯 분, 일곱 분의 선사가 모셔져 있기도 하다.

그런데 운거산 진여사, 구강의 능인사, 마조도량 보봉사 등 일부 선종사찰 조사전에 도선道宣이라는 승려가 다른 선사들과 함께 모셔져 있었다. 도선에 대해서 알고 있기로는 선사들의 행적을 기록한 『속고승전』의 저자로서, 선사禪師는 아니다 싶어 의아했다. 나중에 알고 보니

조사전 당우

조사전에 모셔진 도선율사

도선은 종남산 정업사淨業寺 계율종의 종조였던 것이다.

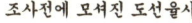 율사(596~667년)는 16세에 출가하여 지수 율사智首律師로부터 율전律典을 공부하고 선관을 닦았다. 642년 종남산으로 들어가 강의를 하고 책을 저술했다. 현장 법사가 귀국하여 흥복사에서 역경을 시작하자, 감문勘文을 맡아 수백 권의 율부경전과 전기집도 저술했다. 도선은 다양한 부류의 책을 저술하였는데 총 35부 188권이다. 그는 다시 종남산으로 돌아가 특히 사분율종四分律宗을 이루어 남산율종南山律宗을 열었다.

서안 시내에서 출발한 지 1시간 남짓 지나 정업사 입구에 내렸다. 도로변에 사찰 팻말이 있기에 가까운 줄 알았다. 그런데 산길을 오르는데

가도가도 끝없는 산이요, 절은 나오지 않았다. 종남산 앞 계곡과 산세에 경탄하면서 '조금만 가면 되겠지.' 생각하며 40여 분을 올라갔다. 겨우 도착해서 보니 자그마한 사찰에 20여 명의 승려가 상주하고 있었다. 현재의 당우는 모두 20여 년 전의 건물이요, 유물이나 유적은 거의 없었다.

마침 점심시간이라 식사를 하고 도량에서 종남산을 굽어보니, 사내다운 기상이 서려있다고 해야 할까?

조사전에 들어가 도선 율사를 참배한 후, 대웅전을 중심으로 가로 세로로 늘어서 있는 스님들의 요사채를 기웃거렸다. 그런데 고개를 내밀기도 전에 웬 개들이 그렇게도 많은지, 개짖는 소리가 온 산 전체에 메아리친다.

한국과는 달리 중국의 조금 큰 사찰에서는 거위나 닭, 토끼, 고양이, 사슴 등 짐승들을 많이 키운다. 여러 곳에서 목격했던지라 이제는 조금 익숙해졌다. 마치 다양한 중생들이 어우러져 사는 듯하다. 부처님 재세시에도 부처님이 법을 설하실 때 제자들만 듣지 않았다. 수많은 초목과 하늘 신, 축생들이 함께 법을 들었다. 스님네들이 어떤 뜻으로 축생들을 기르는지 모르겠지만, 부처님 회상을 본떠 축생을 제도코자 했으리라.

그런데 이 사찰에 분명히 도선 율사의 사리탑이 있다고 들었는데, 아무리 도량을 다녀도 보이지 않는다. 객당의 지객스님께 물었더니, 사찰에서도 한참을 올라가야 하는데 너무 위험해서 갈 수 없다는 것이다.

정업사 객실에 쓰인 편액(계로써 스승을 삼는다'라는 뜻인데, 어떤 스님은 자신의 명함에 새겨넣기도 한다)

"길 안내 좀 해 달라."고 부탁했더니, "위험하니 가지 말라."는 말만 되풀이한다. 아쉬움이 남기는 하지만 결국 포기했다. '아니 왜 당나라 고종 황제에게 징조澄照라는 시호까지 받은 큰 스승의 탑을 산꼭대기에 모셔 놓았지? 찾아가기도 힘들게…' 한참이나 투덜거렸다.

한국의 스님네들이 열반한 뒤, 사리탑을 크게 세우거나 스님의 기념당을 지으면 승속을 막론하고 만만치 않은 여론이 들끓는다. "스승님은 옷 한 벌, 발우 하나로 수행한 두타승이었건만, 스승님의 뜻을 저버리고 제자들이 자신들의 문중을 빛내려고 한다."는 등…. 필자도 한국에 있을 때는 그랬다.

그러나 부정적으로만 볼 것이 아님을 중국 선종사찰을 순례하면서 깨달았다. 대선지식의 탑은 몇백 년이 흐르고 몇천 년의 세월이 흘러도 후대 사람들에게 수행의 본보기 역할을 한다는 점이다.

구마라집탑 당우

# 삼론종과 구마라집
섬서성 서안 | 종남산 초당사

중국을 배낭여행할 때는 꼭 지녀야 할 마음가짐이 있다. 중국을 좋아하고 사랑하는 마음이 없으면 작은 도시나 시골 여행이 힘들다는 점이다. 여행하는 내내 외진 시골이거나 산골인 경우가 많았는데, 특히 선종사찰인 경우는 교통수단이 형편없고 먹고 자는 것도 열악했기 때문에 중국이란 나라와 가까와진 느낌이다.

이전에 공부하고 논문 몇 편을 쓰면서 한국이란 지명보다는 중국 지명에 익숙해 있었는데, 이전에 '중국'이라고 지칭했던 것은 하나의 이론이요, 알지도 못하는 연인을 두고 '사랑한다'고 하는 것이나 다름없다.

나는 지금 중국 땅에 머물면서 여러 지역을 돌아다니며 중국인들을 직접 만나고, 중국음식을 먹고, 아플 때는 중국약을 먹는다. 같은 땅에서 살아 숨쉬며 부대끼는 속에서 이전과는 전혀 다른 마음으로 '중국'을 만나고 있다. 더군다나 며칠간을 여행한 서안과 종남산은 중국불교의 근간을 이루는 곳인지라 애착이 많다.

중국에서 번역된 경전은 현장 법사를 기준으로 구역舊譯과 신역新譯으로 나뉜다. 현장 이전의 번역을 구역, 현장 이후의 번역을 신역이라 한다. 신역의 대표가 현장이라면, 구역의 대표는 구마라집이라 할 수 있다.

구마라집鳩摩羅什(Kumarajiva, 344~413년)은 산스크리트 불교경전을 한문으로 번역한 중국 역대 번역가 중 가장 뛰어난 인물이다. 신역보다 구역본이 문장이 매끄럽고, 번역이 훨씬 뛰어나다. 현재 한국불자들이 공부하거나 독송하는 《금강경》, 《아미타경》, 《유마경》 등 대부분의 경전들이 구마라집 번역본이다. 아직도 한국불교가 한문권을 벗어나지 못하는 것은 안타까운 일이지만, 삼국시대 이래 인도불교가 아닌 중국의 한역 경전을 먼저 받아들였기 때문에 지금까지 한문 경전이 고수되고 있다.

공부를 하거나 강의를 하면서 내가 참고한 경전 대부분이 구마라집본이었다. 글 쓰는 사람으로서 완벽한 번역이나 문장을 구사한다는 것이 얼마나 어려운지 알기 때문에 구마라집을 늘 존경해왔다.

구마라집은 귀자국龜玆國 사람으로 아버지는 천축 사람이요, 어머니는 귀자국왕의 누이동생이다. 그는 귀자국에서 태어나 어머니를 따라 7세에 출가해 경을 배워 날마다 1천 게송을 읽었다고 한다. 처음에는 소승불교를 공부하다가 후에 대승불교의 중관학中觀學을 공부하면서 대승불교를 연구했다. 이후 인도에 유학하면서 두루 많은 선지식을 찾아다니며 여러 방면으로 공부하였고, 특히 기억력이 뛰어나 인도 전역에 그의 명성이 자자했다. 그 후 고국에 돌아와 왕으로부터 스승의 예우를 받았다.

마침 중국의 티베트족인 전진前秦왕 부견은 불교를 장려했다. 그의 불교 부흥에 힘입어 카슈미르 출신 스님들이 장안에 도착하여 경전을 번역하고, 중국인 스님들을 역경승으로 훈련시켰다.

당시 부견왕은 도안 스님을 요청해 스승으로 모셨다. 도안 스님이 구마라집을 초청할 것을 왕에게 건의하자, 왕은 장수 여광呂光과 군사를 보내어 구마라집을 모셔오도록 한다. 여광이 서쪽으로 가서 귀자국을 정벌하고 구마라집을 데리고 돌아오는 도중에 전진왕 부견이 죽었다는

감숙성 무위 구마라집탑

소식을 듣고, 여광은 자신이 직접 양주凉州 지역에 후량국을 세우고(386년) 구마라집도 15년 동안 그곳에 머물렀다.

그 후량국이 바로 감숙성 무위武威 부근인데, 필자가 그 지역을 방문했을 때 라집탑사羅什塔寺에 있는 구마라집 탑을 참배했었다.

이후 후진後秦의 요흥姚興이 다시 일어나 여광을 멸망시킨 뒤, 구마라집은 401년 장안(현 서안)에 도착했다. 요흥이 예를 갖추어 그를 국사로 봉하고 소요원逍遙園에 머물도록 했다. 이때 승조·승예·도생·도융 등 제자가 3,000명에 이르렀다고 한다. 그리하여 그는 12년 동안『중론』, 《반야경》, 《법화경》, 《아미타경》, 《유마경》 등 34부 348권에 달하는 방대한 경전을 번역했다.

구마라집은 특히 반야 계통의 대승경전과 용수의 삼론부 논서를 중점적으로 번역했다. 3론三論이란 용수龍樹(Nagarjuna, 150~250년)보살1)이 지은『중론』, 『백론』, 『십이문론』을 말하는데, 구마라집이 종남산 초당사草堂寺에 머물며 번역을 하였기 때문에 초당사는 삼론종의 조정 사찰이 되었다. 그는 중국 대승불교를 일으킨 최대의 공헌자요, 뛰어난 종교사상가라고 볼 수 있다.

정업사에서 출발해 30여 분도 채 안 되어 초당사에 도착했다. 도량에 들어서니 너무 조용하고 편안한 기분이다. 라집의 기념관에는 구마라집의 상이 모셔져 있고 기념관 건너편에 라집의 탑이 있다. 탑은 당우 안에 모셔져 있고, 문이 잠겨 있다. 당우 앞 편액에는 번뇌즉보리煩惱卽菩提라고 쓰여 있다. 더러운 흙탕물에서 아름다운 연꽃이 피어나듯

초당사 입구

이, 인간의 깨달음도 인간의 번뇌 속에서 피울 수 있다는 뜻이다.

'어떻게 들어갈 수 없나?' 하고 당우 뒤편으로 돌아가보니, 이제 갓 15세 정도 되어 보이는 사미승이 울고 있었다. 아마도 어른 스님께 꾸지람을 들었나 보다. 나도 처음 출가했을 때 은사스님과 사형들한테 혼나고 법당 뒤편에 가서 눈물깨나 쏟았는데…. 사미승이 나를 보자마자 벌떡 일어나 사라지더니, 잠시 후 열쇠를 든 스님과 함께 나타났다.

413년 구마라집이 열반한 후 이곳에 사리탑을 모셨다. 이 탑은 8색 채가 나는 대리석으로 8보옥석탑八寶玉石塔이라고 한다. 문이 열리고 탑을 보는 순간 느꼈던 감동은 이루 말할 수가 없다. 이제까지 수많은 탑을 보았지만, 이렇게 아름다운 탑은 처음 본다. 이 감동을 혼자 간직하고 있기가 아까워 여행에서 돌아오자마자 카페에 사진을 올렸는데 클

8 보옥석탑(구마라집탑)

초당사 구마라집기념당에 모셔진 구마라집

구마라집탑 중심부에 '요진 삼장법사 구마라집탑'이라고 새겨져 있다.

릭해서 보는 사람이 많지 않았다. 내 감동을 함께 공유하는 사람이 없음에 적잖이 실망했다고 하면 맞을 게다. 결국 혼자 흥분하고 혼자 실망한 셈이다.

그런데 잘못 알고 있는지 모르지만 이곳은 당나라 때 선교 일치를 주장했던 규봉 종밀圭峯宗密(780~841년)도 이곳에 머물렀던 것으로 알고 있는데, 종밀에 대해서는 전혀 언급이 없다. 종남산 규봉 초당사草堂寺에 머물렀으므로 그를 규봉 대사라고 불렀다. 유물이나 유적이 없으면 상을 모셔 놓는 기념관이라도 있을 터인데, 종밀에 대해서는 그림자도 찾아볼 수가 없다.

종밀 스님은 하택종의 선사이자, 화엄종 5조이다. 또한 한국 스님들이 공부하는 『선원제전집禪源諸詮集』의 「도서都序」의 저자이며, 수많은 책을 저술했던 당대의 큰 스승이다. 또한 당시 대단한 힘을 지니고 있던 마조 선사의 홍주종을 비판할 정도로 대단한 철학가이기도 하다. 아무래도 구마라집이라는 너무 큰 스승에게 가려진 것일까? 아니면 현재 화엄종파가 미미해서인가?

한편 신라 구법승인 범수 스님은 4조 청량 징관과 5조 규봉 종밀이 활동하던 시기에 당나라에 갔다. 그는 초당사에서 『신역화엄경찬소』를 저술했고, 《후분화엄경》과 『관사의소』를 신라에 유포했다고 전한다.

주)
1) 용수보살은 남인도 바라문계급 출신이다. 처음 소승불교에 출가한 뒤, 후에 대승불교를 섭렵하였다. 철학적·사상적으로 공사상의 이론적 기초를 세웠는데, 이는 대승불교를 이루는 근간이 되었다. 따라서 용수보살은 중국 8종의 조사로 추앙받았다. 저서는 『삼론』 이외에도 『대지도론』, 『십주비바사론』, 『회쟁론』, 『보행왕정론』 등이 있다.

여산 동림사

# 정토종과 선도화상
섬서성 서안 | 종남산 향적사

중년이 되어서 불도佛道를 좋아하게 되었으니
내 인생 말년에는 종남산 한 자락에 살게 되었다.
감흥이 일어나면 매번 혼자 나서는데
그 마음 홀로 즐거울 뿐이네.
쏘다니다 샘 있는 곳에 이르면
앉아서 구름 일어나는 때를 보노라.
우연히 산 속에서 노인을 만나면
담소하다가 집에 돌아갈 일조차 잊는구나.

왕유

당나라 때 불세출의 시인이자 화가인 왕유王維(699~761년)는 스스로 왕마힐王摩詰(유마힐 거사에서 유래)이라 칭했다. 왕유의 어머니는 신수 선사와 의복 스님에게 귀의한 지극한 불자였고, 왕유 또한 불자로서 시불詩佛이라 일컬었다. 왕유의 작품에는 선사상이 드러나 있으며, 당시 선사들이 입적하면 비문을 쓰기도 했다. 위의 작품은 그가 말년에 종남산終南山에 별장을 짓고 은거하면서 남긴 시이다.

　왕유와 같은 많은 문인들이 종남산에 머물렀을 뿐만 아니라, 불교의 요람으로 8종의 종파 가운데 4종의 본산(조정 사찰)이 종남산에 있다. 그 외에 2종도 종남산과 가까운 서안에 있으며, 화엄종 계통의 사찰들은 무수하다. 또한 혜초·자장·원측·의상 스님 등 130여 명의 신라 승려들이 이곳에서 수행했고, 최치원도 종남산에 머물렀다.

한편 도교 전진도全眞道의 개조 왕중양王重陽, 여동빈呂洞賓, 유해섬劉海蟾 등 도교 선인들도 이곳에서 수도했다고 한다. 그러니 종남산은 서안의 상징물이자, 중국불교의 근원을 이루는 곳이요, 중국철학의 발원지다.

풍부한 전설과 이야기, 시인, 수도자를 품고 있는 종남산은 서안에서 약 30킬로미터 떨어진 곳에 위치한다. 평균 해발 1,200미터 정도로 그리 높지는 않지만 가로로 길게 뻗어 있는 산이다. 진령산맥은 중국을 화북華北과 화남華南으로 나누는 주요 산맥인데, 종남산은 진령산맥으로 보면 동쪽 끝이라고 할 수 있다. 몇 사찰을 제외하고는 도로가 잘 정비되어 있어 다니기에 편한 곳이다.

초당사에서 30여 분만에 정토종의 조정 사찰인 향적사香積寺에 도착했다. 정토종의 개조인 선도善導 화상(562~645년)의 탑은 높이 33미터, 11층의 정방형 전탑형식이다. 원래 선도의 탑이 도량 동쪽 산문 밖에 있었는데, 동쪽 벽을 헐고 탑을 도량 안으로 포함시킨 것 같다. 이 절에 또 탑이 있는데, 정업淨業 화상의 사리탑으로 도량 서쪽편에 있다.

선도화상 사리탑

선도화상. 뒤편에는 아미타불을 중심으로 관음보살과 대세지보살

　향적사 연혁에 의하면, 1979년 중국 정부에서 20여만 원(한국돈 2,500만원)을 들여 탑을 재건축했고, 1982년에는 스님들의 요사채까지 다시 지어 주었다고 한다. 현재 20여 명의 스님네들이 상주한다.
　선도 화상은 어려서 출가하여 일찍이 정토왕생을 기원했다. 그는 관경觀經을 읽고 스승 도작에게서 염불왕생의 법을 받았다. 장안에 들어가《아미타경》을 서사하여 보시하고 극락정토가 그려진 그림도 함께 보시했다. 선도 화상은 종남산 오진사에 주하며 수행했다. 현재 향적사는 정토종의 조정 사찰이라고 하지만, 선도 화상은 향적사에 머문 적이 없다. 선도 화상이 입적하고 그의 제자가 선도 화상의 탑을 이곳에 세우고 절을 지어 향적사라고 한 것이다.
　정토교는《아미타경》과《무량수경》,《관무량수경》,『왕생론』등을 소의경전으로 하고 있다. 선도 화상 이전의 정토 수행자로 4세기 말 여산의 혜원慧遠이 정토왕생 염불수행 실천에 앞장섰다.[1] 6~7세기경 담란曇鸞과 그의 제자 도작道綽이 정토교를 수행했다. 이런 흐름 속에서 7세기 초, 선도 화상에 의해서 중국 정토교가 완성된 셈이다.

이 세간의 어떤 철학이나 이론도 결코 완전히 독창적이거나 창조적일 수는 없다. 앞의 이론이나 사상을 토대로 새로운 사상이 도출되는 것이다. 선도 화상 이전에 수많은 정토 수행자가 있었기에 선도화상이 정토종 사상을 정립할 수 있었고, 또 그 제자들에 의해 정토종을 완성시킨 개조로 추앙받은 것이다.

선도 화상은 구칭염불口稱念佛[2]을 성립시킨 것과 아미타불을 보신報身으로 하는 것, 극락정토를 보토報土라고 하는 점과 어느 누구나 염불을 하면 왕생할 수 있다는 것이 그의 주된 사상이다.

『송고승전』에 의하면 "마조馬祖 선사의 장례식이 성대하고, 정토교의 선도 화상 및 화엄종의 보적普寂 스님에 버금가는 장례식이었다."는 기록을 볼 때, 당시 선도 화상이 많은 이들로부터 존경 받았다는 것을 알 수 있다.

도량에서 산문 밖으로 나가려고 하는데, 일본 승려와 20여 명의 신도들이 산문 안으로 들어서고 있었다. 그런데 그들 옆에 법복을 입은 향적사 주지스님이 함께 걸어오며 보좌를 하고 있다. 몇 분 전 도량에서 만나 한국 승려라고 해도 당신 명함만 한 장 주고는 돌아보지도 않더니, 저렇게 차별대우를 할 수가! 나이도 동갑이던데.

그 일행은 정토종 계열의 승려와 신도인 듯하다. 일본의 정토종을 창종한 호오넹法然 화상(1132~1212년)은 선도 화상을 존경하고 의지했다. 또한 1980년 이후 일본에서는 중국 향적사를 일본 정토종의 조정 사찰로 여기고 선도와 일본의 호오넹 상을 함께 모셨다고 한다.

몇 달간 중국 사찰을 순례하면서 보니, 가장 많은 종파가 정토종이었다. 중국사찰 산문에는 거의 90% 이상이 '나무아미타불'이 쓰여 있다. 또한 중국 스님들은 전화를 받을 때나 불자들끼리 서로 인사를 할 때, 힘들 때, 걸을 때, 사람들과 대화를 할 때도 '아미타불'이 먼저 나올 정도로 입에 배어 있다.

한국에도 일찍이 전래되어 사람들이 개인적으로는 믿었지만 종파는 성립되지 못했다. 정토신앙이 전래된 이래 원효, 의적, 경흥 등 신라의 학승들은 정토신앙에 대한 교학적 연구로 훌륭한 업적을 남겼다. 한국불교는 '조계종 선종'이라고 표방하지만, 포교면에서나 신앙면에서는 정토사상이 많은 비율을 차지한다. 정토사상은 뗄래야 뗄 수 없는 한국 불교의 현주소이다.

향적사의 대웅보전의 편액은 조박초趙朴初(1906~2000) 박사가 쓴 것으로 되어 있다. 산문 입구 삼문식 패방에도 '정토조정淨土祖廷'이라고 쓰여 있는데 이것도 조박사가 쓴 글씨이다.

그는 안휘성 안경시 출신으로 동우東吳대학 졸업 후 항일투쟁에도 앞장선 혁명 원로이며 정치협상회의 부주석을 역임했던 사람이다. 중국 불교협회 초대 회장을 역임했던 그가 돌아가셨을 때도 국장으로 거행

향적사 패방

할 정도였다.

　조회장은 중국 문화혁명 당시 주요 사찰과 불교유적을 훼손하지 않도록 하는 내용의 친필 휘호를 보내 불교와 불교유적을 지켜냈다고 한다. 또한 문화혁명으로 잠시 사라졌던 중국불교 불학원을 만들어 불교 교육 발전에도 심혈을 기울였으며, 1995년부터 한·중·일 불교 교류를 위해 노력했던 사람이다.

　중국 불교계에서 큰 행적을 남긴 조박사의 훌륭함은 인정하지만, 스님네들이 지나치게 조박사와의 인연을 강조하여 자신의 신분 과시로 이용하고 있다는 점이 안타깝다.(글 속에서 더러 언급했지만, 정말 열심히 수행하는 승려가 더 많다) 대체적으로 큰 사찰들은 연혁보다 더 중시하는 것이 방장의 활동 모습이나 그의 학력과 이력이다. 방장의 활동 모습

정업사 도량 밖 주변이 논과 밭인데, 한 여인이 늘어지게 낮잠을 자고 있다

을 부각시킬 때, 제일 먼저 내세우는 것이 조박사와 함께 찍은 사진이거나 그와의 인연을 꼭 언급한다. 또 복건성 어느 사찰의 방장은 사진 몇 장을 사찰 연혁에 실어 놓고, '중국 최초의 석사 출신 방장'이라는 타이틀을 크게 부각시켜 놓기도 했다. 잘못 알고 있는지는 모르겠으나 대체로 중국 사찰들은 수행 법납보다는 높은 학력을 가진 승려가 방장을 하는 경우가 많은 것 같다.

주)
1) 여산혜원에 대해서는 선종사찰기행 『구법』 동림사 편에 글이 실려 있다.
2) 염불에는 관상觀像·관상觀想·실상實相·구칭口稱의 4종이 있는데, 앞의 3종은 자력적 요소가 강하고, 마지막 하나는 타력적인 수행이다.

감숙성 돈황 관음정사

# 화엄종과 신라 의상 대사
섬서성 서안 | 화엄사

마음이 있으면 가지가지 만물이 생겨나고 心生卽種種法生
마음이 없으면 가지가지 모든 만물조차 사라진다. 心滅卽種種法滅

원효 스님이 해골물을 마시고 읊은 게송

향적사에서 나와 서안西安으로 향했다. 서안 들어가는 입구에 화엄종의 조정 사찰인 화엄사華嚴寺가 있다. 이곳에는 현재 승려는 살지 않고 화엄종의 초조 두순과 청량 국사의 탑만 있다는 것을 알고 갔기에 실망하지는 않았다. 가서 보니 승려인지 재가자인지 구분이 가지 않는 사람이 토굴 하나를 지어 놓고 2좌의 탑을 지키고 있었다.

『화엄경』을 소의경전으로 하는 화엄종은 현재 종파가 있어도 미미하지만, 고금을 막론하고 연구하는 사람들이 많다. 특히 한국에서는 다른 분야보다 화엄학 전공자가 유달리 많은 편이다.

화엄종은 유식 계열의 법상종에서 자극을 받아 성립됐다. 불타발타라(359~429년)에 의해 처음으로 『화엄경』이 번역되었고, 담무최 · 지거 등 여러 승려가 《화엄경》을 연구했다.

화엄종의 초조初祖라고 불리우는 두순杜順(557~640년) 화상은 18세에 출가했다. 후에 종남산의 동편 여산驪山에 숨어서 오로지 정업定業을 닦았고, 84세에 의선사에서 입적했다.

제2조인 지엄智儼(602~668년)이 두순 화상으로부터 사사받은 것이 12세 때이다. 지엄이 너무 어린 나이였기 때문에 두순은 나이가 많은 제자 달법사에게 그를 양육토록 했다.

의상대사　　　원효대사

　지엄은 지상사至相寺에서 인도 승려로부터 범문梵文을 배웠다. 또한 『섭대승론』을 배웠으며, 20세 때는 모든 경전을 두루 섭렵했다. 이후 그는 《화엄경》 강의를 듣고 공부한 뒤, 깨달음을 얻어 화엄경소인 『화엄경 수현기搜玄記』를 저술했다. 그에게 여러 제자가 있으나 뛰어난 제자로는 현수 법장과 신라의 의상 대사이다.

　의상義湘(625~702년) 대사는 왕족 출신으로 선덕여왕 때인 644년 20세의 나이로 황복사에 출가했다. 의상이 36세 무렵 원효(618~686년)와 함께 당나라로 들어가는 길녘, 서해안 당항성 부근에서 하룻밤을 묵게 되었다. 두 승려가 동굴에서 하루를 묵었는데, 원효는 한밤중에 갈증이 나 손에 잡히는 바가지 물을 달게 마셨다. 아침에 그 물이 해골 물이었다는 것을 안 원효는 크게 깨닫고 게송을 읊었다. 원효 스님은 신라로 돌아가고 의상 스님만 입당했다.

　원효 스님은 화엄을 강의하기도 했으며 화엄과 관련된 저술이 많다. 『화엄 강목綱目』, 『화엄경소』, 『기신론소』 등이 있는데 『기신론소』는 별기別記와 함께 현존한다. 필자는 학인 시절 원효 스님의 『기신론소』를 공부했다.

중국 화엄종 제3조인 현수 법장의 『기신론 의기義記』는 여러 부분에서 원효의 저서를 의존하고 있다고 한다.

의상 스님이 당나라로 들어가 제2조인 지엄 화상에게 7년 동안 공부하고 제3조 법장과 함께 화엄을 연구했다. 그는 스승 지엄이 입적한 후, 46세 무렵 신라로 돌아왔다.

의상 스님이 처음 중국 땅을 밟은 곳은 산동 반도다. 그곳에서 독실한 불교신도 집에 잠시 머물게 되었는데, 거사의 딸 선묘는 의상을 사모했다. 의상이 신라인들이 머무는 법화원으로 옮겨가 탁발할 때에도 멀리서 바라보며 흠모할 정도였다.

의상이 종남산에서 공부를 마치고 신라로 돌아가기 위해 등주 항구에 나타났다는 소문을 들은 선묘는 자기가 손수 지은 법복을 들고 바닷가로 찾아갔으나 이미 의상을 태운 배는 항구를 떠나고 말았다. 선묘는 가슴앓이를 하다 자신이 용이 되어 의상 스님을 호위하기로 발원하고 바다에 몸을 던졌다.

의상이 귀국 후 처음 세운 절이 관음도량인 강원도 낙산사와 영주 부석사浮石寺이다. 이 부석사의 무량수전은 한국 최고의 건축물로 유명하다. 명당터라 생각하고 절을 지으려 했으나 5백여 명의 다른 종파 승려들이 크게 반발했다. 이때 갑자기 하늘에서 바위덩이로 변한 선묘 용이 나타나 3일 동안 공중에 머물면서 반대하는 승려들을 향하여 내리칠 듯 위협했다. 결국 그들이 두려워서 달아나 버리자, 그 자리에 절을 지을 수 있었다. 선묘가 바위가 되어 땅에 내려앉은 바위를 부석浮石이라 하고, 선묘의 도움으로 지어진 절의 이름을 부석사浮石寺라고 했다. 의상 대사는 이곳에서 화엄을 강설하고, 10여 곳에 화엄사찰을 창건했다. 그러므로 의상 대사는 해동 화엄종을 처음으로 연 개조開祖인 셈이다.

『송고승전』에 의상 대사와 관련한 부석사 창건 설화가 전하고, 민간 전설에도 전해 내려온다. 그리고 일본 교토 근처 고산사에서는 10세기 작품으로 보이는 아름다운 신라 여인상이 발견되어 국보로 지정됐다. 학계에서는 이 여인이 다름 아닌 의상 대사와 슬픈 사랑을 간직한 당나라 처녀 선묘라고 보고 있다. 이 절에는 『화엄연기』라는 불교서적이 전해오는데, 이 책에 의상과 선묘에 관한 기록이 있다고 한다.

평소 불자들이 독송하는 '법성원융무이상法性圓融無二相'으로 시작해 '본래부동명위불本來不動名爲佛'로 끝나는 법성게는 7언 30구 210자 게송 법계도法界圖인데, 이는 법계연기사상의 요체를 간명하게 서술한 『화엄일승법계도華嚴一乘法界圖』로 의상이 저술한 것이다. 또한 백화도량발원문白花道場發願文이 있다.


중국 화엄종 제3조인 현수 법장賢首法藏(643~712년)은 《화엄경》을 수십 번 강설하고, 번역에 힘썼다. 그의 선조는 서역의 강거康居(현 사마르칸트)사람이었으나, 조부 때 장안長安으로 이주했다. 17세 때 제2조 지엄 화상이 《화엄경》 강론하는 것을 듣고 제자가 됐다.

그는 실차난타가 《화엄경》을 번역할 때에 감수하고 도왔으며, 함께

왼쪽의 큰 탑이 초조 두순의 탑
오른쪽 탑이 청량국사 탑

초조 두순의 탑

《입능가경入楞伽經》을 번역하기도 했다. 704년 측천무후의 초청으로 장생전長生殿에서 화엄법계에 관해 설법하고, 금사자金師子의 비유를 들어 화엄학의 무궁무진한 교리를 설명했다. 이런 법장이었기에 후대 사람들은 그를 '화엄종의 대성자'라 칭한다. 저서로는 화엄 교학의 체계서로 완비된 『화엄오교장華嚴五教章』, 『화엄경탐현기探玄記』 등 화엄 관련 저서가 많으며, 그 외에도 『대승기신론의기大乘起信論義記』 등 여러 저서가 있다.

제4조로 칭하는 청량淸凉 국사 징관澄觀은 화엄학, 계율, 선 등 여러 불교학을 섭렵하고 수행했다. 당나라 황제 7명의 귀의를 받았으며, 헌종 황제는 그를 '승통僧統 청량 국사'라 칭하고 불교를 총 관리하게 했다.

제5조인 종밀宗密(780~841년)은 사천성 출신으로 출가하기 전 유교에 정통했다.(삼론종 조정인 초당사 글에서 간단히 언급한 바 있다) 그는 도원

4조 징관탑이라고 새겨져 있다

선사를 만나 수행하고 율도 배웠다. 후에 징관澄觀의 『화엄경소』와 『대소초』를 읽고 직접 징관을 찾아가 화엄교리를 공부했다. 그는 《원각경》에 입각해 선교일치를 주장했으며, 《화엄경》 관련 저서도 남겼다. 이에 선종인 하택신회계의 제5조이자, 화엄종의 제5조로 추앙받고 있다. 『선문사자승습도』, 『원각경대소초』, 『화엄원인론』 등 많은 저서를 남겼다.

화엄사는 서안에서 15킬로미터 떨어진 곳에 위치한다. 마침 오후 해질녘에 도착했는데, 앞에는 마을이 보이고 언덕배기에 2좌의 탑만 덩그러니 서 있다. 쌍탑이라 외로워 보이지는 않았다.

두 탑은 모두 당나라 때의 전탑이다. 초조 두순의 탑은 4면 7층, 높이 13미터이다. 탑 위에 엄주嚴主라는 두 글자가 새겨져 있고, 3층에는 무구정광옥탑無垢淨光玉塔이라고 새겨져 있다.

제4조 청량 국사의 탑은 6각 7층탑으로, 높이 7미터이다. 탑 앞에는 대당청량국사묘각탑大唐淸凉國師妙覺塔이라고 새겨져 있다.

사천성 낙산대불 도량 내 열반상

# 신심만 있으면 개 이빨도 후광을 발한다
섬서성 서안 | 법문사

옛날 티베트에 인도를 오가며 장사를 하는 상인이 있었다. 이 사람에게 어머니가 있었는데, 그 모친은 불심이 대단했다. 어느 날 인도로 장사를 떠나는 아들에게 어머니는 "부처님의 나라 인도에 가면 불교를 상징하는 물건을 하나 사다오." 하고 부탁했다. 이 아들은 "그러겠다."고 철석같이 약속해 놓고, 인도로 가서 열심히 장사하는 데 여념이 없어 모친과의 약속을 잊어버렸다.

장사꾼은 티베트로 돌아와서야 어머니가 부탁한 선물을 사오지 못한 것을 알았다. 할 수 없이 어머니께 사죄하고, 다음에 꼭 사오겠다고 약속했다. 그런데 이 건망증 많은 아들은 어머니의 부탁을 번번이 잊어버리고 귀국했다.

또다시 장사꾼은 어머니의 부탁을 잊고 인도에서 귀국하는데, 티베트로 들어오는 국경 입구에서 생각이 났다. 건망증 많은 아들은 마침 길가에 죽어 있는 개를 발견했다. 그는 개 이빨을 뽑아 가지고 티베트로 돌아왔다. 집에 도착한 아들은 개 이빨을 드리며 어머니께 "부처님 사리인데, 어머니께 드리려고 간신히 구했습니다."라고 거짓말을 했다.

어머니는 그 다음 날부터 개 이빨을 유리 상자곽에 넣어 놓고 매일 지극정성으로 기도했다. 그렇게 몇 년 세월이 지났는데, 어느 날 그 사리(?)가 방을 환히 밝히면서 방광하기 시작했다. 이후부터 티베트에서는 "신심만 있으면 개 이빨도 후광을 발한다."는 말이 전해 내려오고 있다. 티베트 사람의 불심 깊음을 상징하는 이야기이지만, 필자는 진심으로 동감하는 바다. 얼마든지 지극한 정성만 있으면 통하게 되어 있다.

　스님들의 몸에서 나오는 사리를 과학적으로 말하면, 음식물에 의해서 생겨나는 것이 아니라, 우주물질이 반복되고 습관화된 정신운동에 의해서 몸속에 결정체가 생겨난 것이라고 한다.[1] 개 이빨을 부처님 사리로 알고 정성들인 결과 사리처럼 방광한 것은, 어머니의 지극한 '마음'이라는 것이 물질조차 사리로 바꿀 수 있었다는 뜻이다. 이를 과학적 논리로 증거할 수는 없지만, 불교학을 공부한 승려로서 필자는 단언할 수 있다.

　몇 년 전 한국 땅 여기저기서 불상에 우담바라화가 피었다고 난리법석을 치는 절이 몇 곳 있었다. 물론 진짜 우담바라화가 필 수 있음이요, 가능한 말이다. 그러나 이를 절에서 상업적으로 이용하고 있다는 점이 필자는 못마땅했다. 이제까지 "중이 먹을 것이 없어서 길바닥에 나 앉았다."는 소리는 못 들었건만.
　또 '영험있는 부처님'이라는 소문만 나면, 그 절이 문전성시를 이룬다. 대구 갓바위 부처님께 기도하면 평생 3가지 소원이 이루어진다나, 어쩐다나!
　그런데 중국도 한 몫 한다. 한국이 우담바라화 가지고 난리치듯이 중국은 유달리 부처님이나 관음보살이 현신한 사진이 많다. 몇십 년 전 중국 항공에서 찍었다는 관음보살, 2005년에는 광동성 어떤 사람이 찍은 구름 위의 부처님 형상…. 또 법문사 참배하기 전날, 택시기사가 나에게 선물이라며 주었던 사진인데, 1988년 초파일날 법문사 불사리가 방광한 사진이다. 그런데 이 사진의 방광 모습은 조금 지나쳤다.(필자가 이 세 가지 사진을 다 가지고 있으니, 궁금하신 분은 요청할 것) 진심으로 현신한 부처님이요, 방광한 사리라면 좋으련만 사진 기술의 합성일 수도 있다는 점이다. '순수한 중국 불자의 신심을 상업적으로 이용하지 않았으면…' 하는 바람이다.

엄밀히 말하면 불상은 철로 되어 있고(철불鐵佛), 나무로 조각됐으며(목불木佛), 진흙으로 빚은 것(소불塑佛)이다. 그런 물질(불상)에 무슨 영험이 있겠는가? 문제는 물질로 만들어진 부처님을 감동시킬 만큼, 부처님에 대한 간절한 염원과 일심으로 기도했을 때 영험있는 부처로 탄생하는 것이요, 기도 성취가 있는 법이다. 기도도 하지 않고 불사금 많이 내고 영험있는 기도처에 갔다 왔다고 해서 무슨 기도 소원이 이루어지겠는가.(필자는 가끔 욕먹을 짓을 많이 하는데, 그렇지만 불교는 정법대로 바르게 흘러가야 한다)

몇 년 전에 중국인 웨난과 상청융이 쓴 『법문사의 비밀』이라는 책을 통해서 법문사法門寺에 관해서 알게 되었다. 이 책은 중국 서안의 법문사를 테마로 현대와 과거를 오가며 소설 형식으로 꾸며져 있다. 나는 이 책을 두 번이나 읽었기에 법문사에 꼭 한 번 가보고 싶은 마음이 간절했다.

법문사는 서안에서 서쪽으로 115킬로미터 떨어진 지역에 위치한다.

법문사 입구

147~188년인 후한시대에 창건되어, 처음에는 아육왕사(아육왕은 인도의 아소카왕을 칭한다)라 불렸다. 지금으로부터 1800여 년의 역사를 지닌 고찰이다. 장구한 역사를 지닌 이 사찰이 유명하게 된 것은 바로 법문사 사리탑 때문이다.

  탑이 세워진 시대는 정확하지 않다. 387년 수나라 때 처음으로 지하궁을 열어서 불사리에 공양을 올렸다. 또한 당나라 황제들은 황제 자리에 즉위하면, 기념행사로 지하궁을 열어 부처님 사리탑에 공양했다. 7차례 정도 지하궁을 열었고, 그 후로는 열지 않아 점차로 불지佛指 사리와 보물은 전설로만 내려오고 있다. 당나라 때(630~660년)에 지하궁 위로 4층 목탑을 세웠다. 이 목탑은 명나라 때(1569년) 불에 타버려

1980년대 무너진 사리탑    새로 보수한 사리탑

1579~1609년 사이에 현재 형태인 8각 13층, 높이 47미터가 되는 전탑을 세운 것이다.

그런데 1981년 높이 46미터, 8각 13층의 석가모니 진신사리탑이 낙뢰를 맞아 면도날로 잘라 놓은 듯 절반이 무너졌다. 그리고 5년 후 다시 천둥 번개에 맞아 그나마 있던 탑도 무너졌다. 이를 계기로 1987년 섬서성 정부에서 탑 기반을 정리하던 중에 탑의 지하궁을 발견하게 되었다. 그리하여 고고학 발굴대를 구성해 발굴을 시작했는데, 전설로만 내려오던 불사리와 엄청난 보물이 천하에 드러났다. 당시 1000년 만에 드러난 탑 지하궁은 세계적인 뉴스가 되었다.

8중의 보물함에 있는 부처님 진신사리 4과(손가락 뼈), 아육왕탑阿育王塔, 봉진신보살상捧眞身菩薩像, 그 외 불상과 법기法器, 비단, 그림 등 2천 9백여 점의 진귀한 보물들이 쏟아져 나왔다.

불지사리

8중의 보물함에 모셔진 부처님
진신사리 4과

  한편 중국 역사의 유일무이한 여황제 측천무후가 부처님께 공양올린 자색 치마 등 그녀와 관련된 문물도 많이 출토됐다. 또한 궁정용 다구 茶具도 있었다. 당시 황실과 법문사 스님네들이 평소 차를 즐겨 마신 것으로 추정하고 있다. 이곳에서 나온 유물들은 대부분 불교문화 연구는 물론이고, 당나라의 정치·경제·문화·예술 그리고 해외 문화교류까지 알 수 있는 중요 문화재다.

  필자가 2006년 6월 초순 이곳을 방문했는데, 사리탑은 1987년에 완전히 보수되어 있었고, 지하궁에는 엄청나게 많은 불자와 관광객이 몰려들었다.

2005년 11월 부처님의 진신사리를 한국으로 모셔와 불자들이 친견한 것으로 알고 있다. 한국의 도선사에서 며칠 전에 다녀갔는지 대웅보전 앞에 현수막이 걸려 있다.

지하궁을 몇 바퀴나 돌며 스님에게 양해를 구해 사진을 몇 장 찍고, 그것도 모자라 사리탑 앞에 앉아 지키고 있는 스님에게 눈총을 받아가면서까지 손전등으로 몇 번이고 비쳐보았다.

오전 11시 점심공양 시간에 제당에 갔더니 많은 스님네들이 모여 있다. 대중이 250여 명이라고 하더니, 정말 많기는 많다.

법문사 도량의 당우들은 모두 근래에 지어진 건축물이어서 관심을 두지 않았다. 고증을 거쳐서 불사를 하는 것이 아닌지라 사찰마다 비슷비슷하고 획일적인 면이 있어서다.

근래 양경良卿·징관澄觀·정일淨一 세 분의 큰 선지식이 법문사에 머물다 열반했는데, 그들의 사리가 어딘가에 모셔져 있다고 해서 객당으로 가서 "친견할 수 없느냐?"고 물었다가 퇴짜를 당했다. 대신 법문사 역사가 담긴 칼라로 된 책자를 얻었다. 이것만으로도 만족해야지. 과하면 아니 되는 법.

주)
1) 사리에 대해 좀더 언급하고 싶지만, 졸저 『맨발의 붓다』에 수록되어 있어 생략한다.

낙산대불

# 사천성 (쓰촨성 四川省)

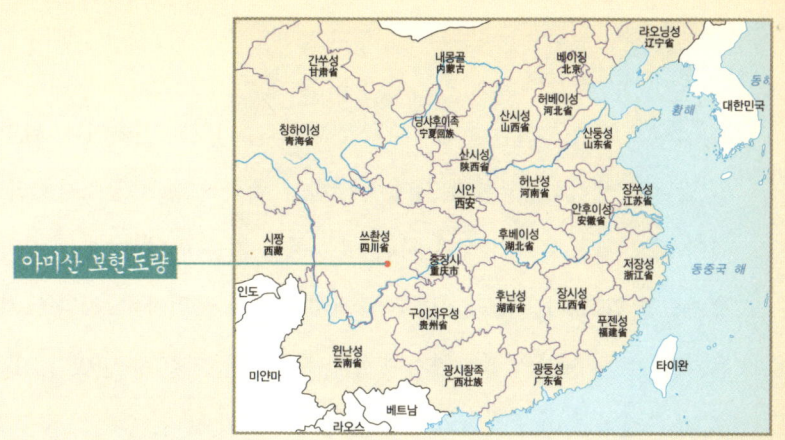

# 장엄한 화장세계
사천성 | 낙산대불, 아미산 보현도량 ❶

### 첫날

인생은 사람과 사람과의 만남이요, 인연의 연속이다. 필연적인 만남을 생각하면 『삼국지』에 등장하는 촉나라 유비와 조자룡의 인연이 떠오른다. 유비가 젊은 시절, 조자룡을 처음 만났을 때 두 사람은 오랫동안 알고 지냈던 것처럼 서로에게 마음이 끌렸다. 그러나 조자룡은 이미 다른 사람의 장수였기에 유비 수하에 들어갈 수 없었다. 몇 년 후, 조자룡이 유비를 찾아와 결국 유비의 장수가 됐다.

촉나라 유비 군대가 조조 군대에게 대패를 당해 다른 병사들은 제각기 도망가기 바쁜데, 조자룡만 적진을 누비며 유비의 아들을 구해 유비에게 데려갔다. 이때 유비는 아들은 쳐다보지도 않고 조자룡의 안위부터 걱정했다. 조자룡은 유비가 죽을 때까지 유비를 모셨고, 유비의 아들까지 섬겼으니, 조자룡과 유비와의 인연이 아름답다.

인연이란 묘한 것이다. 처음 만나도 늘 만나왔던 것처럼 편한 사람이 있는가 하면, 몇 년을 두고 만나도 처음 만난 것처럼 어색한 사람이 있으니 말이다. 또한 장소도 그러하다. 처음 방문한 곳인데도 편안한 곳이 있고, 터를 잡고 몇 년을 살았던 곳인데도 이방인 같은 곳이 있다. 묘하게도 사천성四川省 땅에 오니, 낯선 곳인데도 오랫동안 뿌리박고 살았던 느낌이 든다. 하기야 이런 말은 매번 쓰는 18번이지만, 특히 사천성은 더욱 그러하다.

먼저 낙산樂山에서 대불大佛을 참배하기로 했다. 낙산행 버스를 탔더

산과 어울어진 와불

니, 세계문화유산이 있는 도시로 연결되는지라 도로 사정이 매우 좋다. 버스를 탄 지 2시간 만에 낙산에 도착했다. 내리자마자, 워낙 유명한 곳인지라 낙산대불까지 가는 관광버스가 대기하고 있었다.

 낙산은 세계 최대의 부처님이 있는 곳이다. 옛날부터 "천하의 산수경관은 사천에 있고, 사천의 가장 빼어난 경관은 낙산에 있다."고 할 정도로 주변 경치가 뛰어나다고 한다. 중국인들이 약간 뻥치는 소리로 "낙산 전체가 부처님이요, 부처님이 한 산을 이루고 있다."라고 표현하는데, 그 정도는 아니다. 중국은 어디를 가나 '천하제일 명산', '천하제일 풍경구', '천하제일 사찰' 등 '천하제일'이라는 말을 밥 먹듯이 쓰기 때문에, 그런가 보다 해야 한다.

낙산대불

　일반적으로 대불을 친견하기 위해서는 입구(매표소)에서 작은 산 두어 개를 넘어야 한다. 입구에 들어서자 5분 거리에 낙양 용문석굴의 봉선사 비로자나불과 똑같은 부처님이 모셔져 있는데, 이는 근래 사천성 미술학원에서 조성한 것이다. 산 두어 개를 넘는 길녘, 동굴이나 산을 배경으로 부처님과 보살상이 모셔져 있어 지루하지 않은 길이다. 동굴

대불을 바라보며 사람들이 내려오고 있는 모습(사진에는 나오지 않았지만 오른쪽면이 대불이다)

에 새겨진 천수천안 관음보살상, 이곳저곳에 조성된 부처님의 열반상, 출생도, 설법모습, 포대화상 등이 마치 고대의 불상처럼 산과 조화를 이루어 잘 꾸며져 있다.

　2시간쯤 걸려 낙산대불 입구에 도착하니, 웬 사람들이 그렇게도 많은지. 부처님을 친견하기 위한 길은 험난하고도 힘겹다. 길이 험한 것이 아니라, 사람들과 부대끼며 기다려야 하는 것이 고달프다. 한 줄로 서서 대불을 중심으로 계단을 내려오면서 부처님 머리 부분부터 발끝까지 친견하는 여정이다.

　용문석굴의 봉선사 비로자나불처럼 아름답지도 않으며, 경주 석굴암

세계에서 가장 큰 낙산대불

부처님처럼 자비심이나 위엄이 느껴지지도 않는다. 옆집 아저씨처럼 편하고, 양반집의 충실한 머슴 같은 순박한 인상이 강하게 마음 속에 자리 잡는다.

어쨌든 이 대불은 좌상坐像으로 높이 71미터, 머리 부분 14.7미터, 팔 길이 5.6미터, 귀 길이 7미터, 눈 길이 3.3미터, 폭 29미터의 거불이다. 이 대불은 대도하大度河와 청의강青衣江이 만나 민강岷江이 되는 능운산

티베트 라싸에서 성지순례온 티베트 승려들(왼쪽이 제자, 오른쪽이 스승)

기슭에 있다. 옛날 이 민강은 수해 다발지역이었다. 당나라 헌종 때 능운사 승려 해통海通이 '불력으로 수해를 막아야겠다.'고 생각하고, 그곳에 대불을 조성하기 시작했는데 자그마치 90년이란 세월에 걸쳐 완성됐다.

부처님 앞을 지나 다시 올라가는 것이 낙산대불 여행의 끝이다. 대불을 중심으로 한바퀴 돈 뒤 왔던 길로 되돌아가는 것이다. 출구 쪽으로 나가는 길녘에서 티베트 스님 두 분을 만났다. 그들은 스승과 제자인데 스승님은 40대 중반으로 보이고 제자는 20대 중반쯤 된 듯한데, 두 스님 모두 6세쯤 절에 들어갔다고 한다.

더운데도 겨울 옷감으로 된 빨간 가사를 내내 두르고 있다. 하도 안타까워 "날씨가 더우니 그 두꺼운 가사만이라도 벗고 가라."고 했더니, 젊은 제자는 편하게 벗는데 스승님은 내내 두꺼운 가사를 수하고 있다.

그들도 아미산으로 간다고 하기에 낙산대불 정문 앞에서 함께 미니버스를 탔다. 말이 미니버스지, 한국으로 치면 9인승 봉고차다. 필자와 티베트 스님 두 분이 맨 뒷자리에 앉아 출발한 지 5분도 안 되어 사람을 무더기로 태운다. 9인승 차에 13명을 태운 셈이다. 웬 여자가 티베트 스님들 사이에 앉으려고 엉덩이를 들이밀었다. 스님 두 분은 얼떨결에 여자가 끼어들어도 아무말도 못하고 가만히 있었다. 내가 "부싱(안된다)!" 하고 큰소리 쳤더니, 중간 자리에 6명이 포개 앉는다. 사람이 많으면 다음 차를 이용하라고 해야 하건만, 무작정 태우고 본다. 이러다 사고가 터지면 황천길에 함께 가는 이들이 많아 외롭지는 않으리.

꾸벅꾸벅 졸다보니 낙산에서 출발한 지 1시간 만에 아미산에 도착했다. 아미산은 불교의 4대 명산(오대산·보타산·구화산·아미산) 가운데 보현보살을 상징하는 산으로 유네스코 지정, 세계문화유산으로 등재되어 있다. 예부터 신선이 사는 곳으로 칭송받았으며, 양쪽으로 솟은 산이 여자 눈썹같이 아름답다고 하여 아미산峨眉山이라고 했다.

당나라 시인 이백은 "촉나라(사천지방)에 선산이 많으나 아미산에 필적할 만한 산은 없다.蜀國多仙山 峨眉邈難匹"고 읊었으며, 예부터 많은 이들이 "아미산을 유람하지 않고는 사천성을 유람했다고 할 수 없다."라고 칭송했다. 이런 아미산이기에 일본의 후지산, 백두산과 함께 아시아의 설산雪山으로 꼽는다.

이 산은 옛날에 도교 사원이 많았으나 당송시대 이후 불교가 발전하면서 보현보살을 상징하는 성지로 뿌리내렸으며 현재는 70여 개의 사찰이 있다. 아미산의 가장 높은 봉우리는 만불정으로 해발 3,099미터이다.

먼저 아미산 입구에서 제일 가까운 보국사報國寺로 향했다. 워낙이 객승과 신도들이 많이 오는지라 객실도 많았다. 이곳에 일단 짐을 풀고 한 3일간 머물기로 했다. 보국사는 아미산 입구에 위치해 있어 필수코스나 다름없다.

### 둘째 날

다음 날 아침, 느긋하게 하루를 쉬며 내가 묵고 있는 보국사와 주변을 다니기로 했다.

보국사는 명나라 때 창건되어 원래 복호사 왼쪽에 있었다. 청나라 때 현재 위치로 옮겨 지으면서 보국사라 칭했다. 산문 위에 걸린 '보국사'라는 현판은 강희제가 하사했다고 한다. 호국불교적인 성향이 짙은 한국의 절 이름과 비슷하다. 절 한 모퉁이에 '보국충정報國忠精'이라고 쓴 글씨가 걸려 있는데, 이는 1930년대 일본의 침략으로 중경重慶에 와 있던 장제스蔣介石가 쓴 것이라고 한다. 아이러니하게도 '보국'이라는 말과 일치하는 역사를 지니고 있다.

보국사 도량은 산문, 미륵전, 대웅전, 칠불전, 장경루(보현각) 등을 중심으로 양쪽에 승려나 불자가 머무는 회랑이다. 산세를 타고 점차 위로 올라가는 형식으로 도량이 만들어져 있다. 내가 머물렀던 방을 가려면 꼭 칠불전 앞을 지나야 했다. 칠불전 안팎으로 석란판의 목석 조각이

보국사 화엄동탑

유난히 아름답다.

보국사의 역사 유물 중 화엄동탑은 명나라 때에 주조되었으며 높이 7미터, 14층의 탑이다. 탑에는 4,700여 존의 작은 불상과 《화엄경》 경문이 주조되어 있는데, 불교사나 조각 연구에 필요한 귀중한 유물이라고 한다. 마지막 당우인 장경루에 모셔진 보현보살은 위엄이 있어 보이면서도 상호가 매우 아름답다. 보국사 스님네들이 이곳에서 예불을 하는데, 예불 도중 보현보살님을 뵙기만 해도 저절로 신심이 솟아날 듯한 상호다.

늦은 오후, 저녁공양 시간까지는 여유가 있어 보국사에서 서쪽으로 1킬로미터 정도 거리에 위치한 복호사를 다녀오기로 했다.

보국사 보현보살

복호사 상징물인 호랑이(복호사 도량)

'복호사伏虎寺'라는 사찰명에 대한 설명은 안내서마다 약간씩 다른데 불교적인 해석을 따르면, 절 주위에 호랑이가 많아서 호랑이를 잡기 위해 도량 내에 경을 새긴 돌기둥을 세운 것에서 유래되었다고 한다. 또 절 뒷산이 마치 호랑이를 닮았다 하여 붙여진 이름이라고도 한다.

이 절은 비구니 스님들 강원으로 30여 명이 상주하는데, 상주하는 대중에 비해 절이 꽤 큰 편이다. 이 사찰에는 아미산에서 유일무이하게 오백나한전이 있다. 나한전은 청나라 말기에 조성되었는데, 문화혁명 때 크게 파괴당했다. 1995년 이후 복구하여 번듯한 나한전으로 꾸며져

불상개광처 모습

있다. 또한 이 절에도 보국사처럼 화엄동탑華嚴銅塔이 있다. 높이 5.8미터, 14층의 동탑엔《화엄경》을 설하는 부처님, 법을 듣는 제자들의 모습과 함께 19만 5,048자의《화엄경》전문이 봉안되어 있다. 1585년 명나라 신종 때에 주조되었는데, 성적사에 있던 것을 옮겨왔다고 한다.

　복호사 도량을 돌아본 뒤, 보국사로 다시 돌아오니 저녁 6시가 넘었다. 그런데 도량 내에 있던 관광객이나 신도들이 산문 밖으로 나갈 생각을 않는다. 하기야 말이 저녁이지 대낮같이 환하다. 북경과 시간차가 1시간이 넘는데도 중국은 시차를 두지 않고 중국 전역이 똑같이 쓴다.

　저녁공양 후 도량 한 켠에 앉아 도량 구석구석을 보니 꽤 재미있다. 도량 왼편에 불상개광처佛像開光處라는 곳이 있었다. 부처님과 관음·보현보살이 모셔져 있는데, 금 조각을 사서 부처님 몸에 직접 붙인다. 사람들 대부분이 머리 부분에만 집중적으로 금 조각을 붙이고 있어 전체 상호가 고르지 못하다. 앞으로도 사람들이 머리 부분에만 계속 붙일텐데, 부처님이 짱구가 되면 어떡하나 싶다. 하기야 어떤 형상으로 변해 가든, 무슨 상관 있으랴! 아무리 못생긴 부처님이라도 중생들 눈에는 더없이 존경스런 부처님인데. 필자가 알고 있기로는 이처럼 불상에 금 조각을 붙이는 의식은 흔히 미얀마에서 볼 수 있는데, 중국사찰에서는 처음 본다. 어둑어둑할 무렵 멀리서 스님네들의 아미타불 염불소리(저녁예불)가 들린다.

노스님네들은 도량을 포행하면서 염주를 돌리며 염불을 외고, 종각에서는 종 내부에 가족들의 이름과 소원하는 바를 써 놓고 종을 향해 내내 합장을 하는 이도 있다. 어떤 이들은 돈을 몇 푼 내고 아무 때나 종을 치니, 도량 안이 종소리로 진동을 한다. 또 어떤 관광객은 무엇이 그리 궁금한지 숙소로 돌아갈 생각은 않고 내내 이곳저곳을 기웃거린다. 보국사는 아미산 입구 중심 사찰답게 정겨운 장면들이 많다.

▶▶이틀간의 행보 : 성도 → 낙산대불 → 아미산 보국사 → 복호사
　　　　　　　→ 보국사

아미산 만년사 무량전

# 아! 보현보살
사천성 | 아미산 보현도량 ❷

### 셋째 날

하룻밤을 자고 일어나니 아침부터 비가 쏟아진다. 우산까지 준비해 보국사 서쪽에 위치한 사찰과 산을 오르기로 하고 절을 나섰다. 보국사에서 뇌음사를 향해 걸어 올라가는데, 무슨 법회가 있는지 비까지 맞아가며 사람들이 줄지어 산을 오른다.

1시간 반 정도 걸어 뇌음사에 당도했다.

뇌음사雷音寺는 명나라 때에는 관음당이라 불렀고, 청나라 때에는 해탈암이라 불렀다. 무하無瑕라는 스님이 띠집을 짓고 살았던 것이 인연이 되어 절이 된 듯하다. 1884년에 중수하여 현재에 이르렀는데, 비구니 스님들이 살고 있다. 산 언덕배기에 위치해 있어 주위에 수목이 울창하고, 사람들이 많이 오는 번화한 곳이 아닌지라 꽤 조용한 편이다.

다시 산 위로 올라 순양전純陽殿을 지나 신수각을 향했다. 아무도 없는 대 명산을 걷자니, '홀로'라는 것이 그렇게 좋을 수가 없다. 그런데 황산 정도라면 모를까, 별로 장엄한 광경도 없는 아미산이 세계문화유산으로 등재되어 있다는 것이 처음에는 조금 의아했다. 조용한 산길을 두어 시간 혼자 걷다 보니 그 이유를 조금은 알 것도 같다.

아미산 주위는 뼁 둘러 사막인데, 이 아미산은 식물의 왕국으로서 일종의 오아시스 역할을 한다. 현재까지 알려진 고등식물만 242과 3,200여 종류인데, 아미산에서 볼 수 있는 식물은 40여 종으로 중국에 분포해 있는 식물 품종의 10분의 1, 사천성의 3분의 1을 차지한다고 한다.

신수각 도량 내부

겹겹이 둘러싸인 첩첩산중, 이름 모를 꽃들, 난초류의 식물군들, 빼곡한 대나무숲, 산길에 자주 등장해 사람을 놀라게 하는 원숭이들. 더욱이 깊은 산속에 들어서면 팬더도 볼 수 있다니, 가히 세계문화유산으로 여길 만하다.

어느덧 두어 시간 만에 신수각神水閣에 도착했다. 이 절은 신통할 정도로 물맛이 좋아 신수각이다. 정토종 사찰로 비구니 스님이 19명 정도 상주한다. 도량의 당우는 대부분이 근래 조성되었는데 옛 건물처럼 고

전적으로 보인다. 대웅전에 올라가니, 법당 앞에서 20대 초반으로 보이는 스님이 법당을 지키는 소임을 보며 경전을 읽고 있었다.

수인사를 나누고도 차 한 잔 주지 않는다. 잠시 기다리다 스님에게 차 한 잔만 달라고 했더니, 읽던 경전을 마저 읽고 주겠단다. 아마 다른 일을 하면서 차를 주지 않았다면 섭섭했을 터인데, 읽던 경전을 마저 읽고 주겠다는데 너무 신통하고 대견스러워 보였다. 차를 마시고 스님이 안내해 주는 도량을 살펴보니, 작은 사찰에 도서관과 염불당, 차를 마시는 차방까지 갖추어져 있다.

신수각에서 1시간 정도를 느긋하게 쉬며 점심까지 대접받고 터벅터벅 걸어 중봉사中峯寺에 도착했다. 이 절은 복호사와 마찬가지로 비구 스님들이 공부하는 강원이다. 정규과정 교육 기간은 3년으로, 현재 30여 명의 스님들이 머물고 있다. 옛날에는 아미산에 승려가 많아 '아미산 불학원'이었는데, 몇 년 전 '사천성 불학원'으로 명칭을 바꾸었다. 다시 중봉사에서 걸어 광복사를 지나 청음각淸音閣에 도착했다.

청음각은 당나라 때에 창건됐다. 처음에는 우심사牛心寺로 불리다가, 청나라 때 절을 증축하면서 청음각이라고 했다. 접어정接御亭이라고도 하는데, 1702년 청나라 강희황제가 흠차 대신欽差大臣을 보내 아미산의 여러 사찰에 경서 등 황제의 하사품을 전달하는 거창한 의식을 청음각에서 했기 때문이다. 이 청음각이 아미산 절경 가운데 가장 아름답다고 소문난 탓인지, 시장바닥처럼 사람들이 붐빈다. 일찍이 진晉나라 때 시인 좌사左思는 "어찌 악기가 필요할까. 이곳의 맑은 물 흐르는 소리로도

청음각과 한글 표기

족하구나."라고 경탄했던 곳이기도 하다.

청음각에서 1시간 반 정도를 걸어야 아미산에서 제일 유명하다는 사찰 만년사萬年寺에 이른다. 오전 내 쏟아지던 비가 그치고 청아할 만큼 맑은 날씨다. 오전에 걸었던 길보다 사람들이 더 붐비는데, 길녘마다 아미산에서 나는 말린 나물과 차를 판다. 실은 몇 년 전에 아미산을 다녀간 적이 있었다. 그때 이곳에서 샀던 청산녹차靑山綠茶를 한국에서 너무 맛있게 마셨기 때문에 아미산을 잊지 못했다.

아미산의 가장 유명한 차는 죽엽竹葉차이고, 그 외에 고정苦丁차나 아미산 모봉毛峯 등이 널리 알려져 있다. '차를 하나 살까?' 하고 기웃거릴 때마다 장삿꾼들이 서로 손을 내미는 통에 어느 한 사람을 지목해 살 수 없어 그냥 지나쳤다.

그런데 걸으면서 보니, 웬만한 이정표에는 곳곳마다 한글이 기재되

만년사 입구

어 있다. 참 기분 좋은 일이다. 언젠가 청해青海성 도시 서녕西寧에 갔을 때, 그곳의 유명한 이슬람 사원인 청진사를 찾아간 일이 있었다. 그런데 그 사찰 입구에 '청진사'라는 사찰명 아래로 '전국 민족단결 진보 모범단체'라는 상장 비슷한 간판이 걸려 있었다. 중국인민공화국에서 받았다고 쓰여 있는데 영어, 이슬람어, 국적을 모르는 언어 하나, 그리고 한국어가 기재되어 있었다. 청해성은 중국 변두리 지방이요, 소수민족이 많은 곳인데, 이런 서녕에서도 현대나 기아차 간판이 보이니 새삼 뿌듯한 마음이 든다.

만년사萬年寺(해발 1,000미터)에는 특히 무량전 내에 동으로 주조한 보

무량수전내 보현보살

현보살상이 모셔져 있다. 이 보살상은 송나라 태종 때인 980년에 주조되었다. 보현보살상은 높이 7.3미터에 무게만도 62톤에 이르는 대불로서 무량전 내부를 꽉 채우고 있어 사진 한 장 찍는데도 애를 먹었다. 보현보살상 위 천장에는 비파와 공후, 피리 등 악기를 연주하는 천인天人들이 그려진 비천도가 있어 보현보살의 상호를 더 빛나게 한다.

무량전의 본래 이름은 만행장엄전이었다고 한다. 화재로 소실되어 명나라 때 라마교 양식으로 그 자리에 다시 지었다. 아미산에서 중국불교 건축물만 보다가 티베트라마교 당우를 보니, 약간 색다른 느낌이다.

만년사는 지금부터 1500년 전 진晉나라 때에 창건되었다. 처음에는 보현사普賢寺로 불렀다. 당나라 때 절 앞 백수지白水池에서 만년사의 광

준 스님이 거문고를 타고 이백이 시를 읊은 곳으로 알려져 이후부터 백수사白水寺라 불렀다.

사천왕문 안쪽 관음보살이 모셔진 관음전 위에 '고古 백수사'라는 현판이 걸려 있는 것으로 보아 지금도 만년사의 다른 이름으로 호칭되는 것 같다.

명나라 때 신종황제가 '성수聖壽 만년사萬年寺'란 이름을 하사하여, 지금까지 그렇게 불린다.

절에서 나오니 피곤이 한꺼번에 몰려왔다. 하루 종일 혼자서 9시간 정도를 걸은 셈이다. 절 앞에 있는 케블카를 타고 만년사 주차장까지 내려왔다. 가끔 언급했지만, 중국의 웬만한 높은 곳에는 어김없이 케블카가 설치되어 있다.

▶▶오늘의 행보 : 뇌음사 → 순양정 → 신수각 → 중봉사 → 광복사 → 청음각 → 만년사

넷째 날

　보국사에서 아침 6시에 아침공양을 마치고 아미산 버스터미널로 뛰었다. 이곳에서 아미산 최고봉인 금정과 만불정으로 가는 버스가 있기 때문이다. 버스는 아미산의 험한 고갯길을 계속 올라가고 있다. 버스와 자가용까지 섞여 수많은 차들이 오고 간다. 이렇게 산 전체를 갉아먹는 도로를 만들고 어떻게 산을 보호하겠다는 건지. 나도 편안하게 차를 타고 가지만 정상까지 도로포장이 되어 있다는 사실이 믿기지 않는다.

　스님이야 입장료는 내지 않지만, 입장료가 너무 비싸다. 게다가 차비와 케블카비가 만만치 않다. 솔직히 중국 서민들은 여행하기 쉽지 않으리라 싶다.

　정상 입구 뇌동평雷洞坪에 내리자마자 비가 억수같이 쏟아진다. 보통 낭패가 아니다. 우비는 빌려 입었지만 너무하다 싶을 정도로 많은 비가 내린다. 비를 맞으며 30여 분을 걸은 뒤, 접인전接引殿에 도착했다. 워낙 고지대인데다 날씨가 좋지 않아 환자를 태우는 구급차까지 달려오고 있다. 접인전에 들어가 참배를 마치고 절 앞에서 또 케블카를 타고 금정(해발 3,077미터)까지 올라갔다. 날이 좋으면 산행하는 사람이 많을 텐데 비가 내리는 탓에 모두 케블카쪽으로 몰렸다.

　말 그대로 아미산은 골마다 사찰이고, 봉우리마다 불교적인 명칭이다. 어찌보면 아미산의 사찰들은 몇 사찰을 제외하고는 유물이 있거나 중요한 유적지라기보다는 거리상의 개념이나 쉼터 같은 이정표 역할을 하는 곳이 많다. 이 산은 다른 불교성지에 비해 순례자들보다 관광객이

안개 속에서 보현보살이 드러나기 시작하자, 박수 치며 환호성을 지르는 불자들

훨씬 많다. 그래도 불자들은 보현보살의 행을 염원하며 참배를 한다.

최고봉은 만불정万佛頂이요, 옆 봉우리는 천불정千佛頂, 그 옆은 금정金頂인데, 금정은 햇빛 아래 대전이 금색으로 보여서 금정이라고 한다. 금정은 아미산 최고봉인 만불정 주변 봉우리로 화장사華藏寺라는 사찰이 있다. 이 절은 3세기 무렵에 창건되었고, 당시에는 보광전이라 불렀으며, 아미산 고찰 중 하나이다. 산이 우거지고 자연재해로 인해 몇 번 피해를 당했는데 그때마다 재건되었다.

화장사 대전(동전銅殿 혹은 금전金殿이라고 부른다)은 불사 중이고, 대전 앞에 코끼리를 탄 거대한 보현보살상이 서 있다. 하지만 비가 오고 날이 좋지 않아 전혀 볼 수 없다. 성지순례 온 불자들은 보현보살을 바라보며 안개가 걷히기를 발원했다. 30여 분이 지나 약간 안개가 걷히며 보현보살의 모습이 드러나기 시작하자, 연신 합장하고 박수를 치며 환

금정 화장사 대전 앞에 세워진 코끼리를 탄 거대한 보현보살상

희에 젖었다. 나는 안개 속에 어스름히 드러난 보현보살을 보는 것이 아니라 신심으로 가득한 사람들의 모습을 지켜보는 일이 더 환희롭다.

금정 주변을 서성이다 금정 앞에서 만불정으로 가는 열차를 탔다. 금정에서 만불정까지 걸어서는 갈 수 없다. 산을 보호하는 차원인지 열차를 타야만 갈 수 있었다. 만불정은 해발 3,099미터로 아미산의 최고봉이다. 이곳은 사람들이 그다지 가지 않는지 한산하다. 60인석 열차를 혼자 타고 15분 정도 달렸다. 열차 안에서 창밖으로 보이는 아미산은 아무도 들어갈 수 없는 불모지로 6월 중순인데도 꽃은 만개했고, 이름모를 야생초가 지천에 널려 있다. 마치 아담과 이브가 살던 원시림처럼.

만불정에도 대전을 짓고 있었다. 만불정에서 사방을 둘러보니, 수백 리까지 아련히 보이는 것이라고는 바다처럼 펼쳐진 구름과 높이 솟은 산봉우리. 이곳에서 바라본 금정의 모습은 정말 아름답다. 방금 그곳에 있다가 왔건만, 언제 내가 그곳에 갔었나 싶을 정도다. 아미산의 아름다운 볼거리이니, 아미산에 가면 꼭 이곳을 놓치지 않았으면 한다.

▶▶ 오늘의 행보 : 아미산 터미널 → 뇌동평 → 접인전 → 금정(화장사) → 만불정

최고봉인 만불정에서 바라본 아미산

중국사찰기행 2
# 떠 남

초판 1쇄 발행 | 2007년 3월 26일
지은이 | 정운
펴낸이 | 이동출
펴낸곳 | 도서출판 솔바람
등록 | 1989년 7월 4일(제5-191호)
주소 | 서울특별시 종로구 수송동 58번지 두산위브 파빌리온 1213호
전화 | (02)720-0824 전송 | (02)722-8760 이메일 | sulpub@hananet.net
편집위원 박종일 | 편집장 김용란 | 편집 · 디자인 오수영 정현애 황은아 | 제작 · 영업 권혁민 박기석
ⓒ정운, 2007

값 11,000원
ISBN 978-89-85760-57-7  03220

• 저자와의 협의에 따라 인지를 생략합니다.
• 잘못된 책은 바꾸어 드립니다.